Fortune Telling for You

塔羅解牌研究所

LUA

給鎮日迷惘地度過每一天的你
塔羅牌是協助你下決定的工具

　　所謂人生就是接連不斷的決定。一個人從早上起床到上床睡覺為止的這段期間，究竟會做出多少決定呢？小自該起床還是繼續睡、該穿什麼衣服等微不足道的小事；大至是否該表達想法、是不是該換工作、這樣下去真的好嗎？……等甚至足以左右人生的大事，都屬於決定的一種。

　　有的時候，我們或許會後悔地想「當時果然還是應該那麼做……」，並因此害怕下決定，認為「或許會有更好的答案」而一再擱置。

　　一般來說，人們在這種時候會向朋友、情人或家人等對象傾訴煩惱；然而現代人都十分忙碌，或許也有許多人會覺得「為了自己的小小煩惱而浪費對方的時間是不對的」，於是不讓任何人知道自己的想法，只能兀自困擾著也說不定。

　　在這種時刻，能協助你做決定的工具就是塔羅牌。為了不知道該如何是好時，請抽一張牌。光是如此就能整理自己的思緒，認清自己究竟想怎麼做。

　　塔羅牌將會指引你「這麼做果然是最好的」，在後頭推你一把；

也可能會告訴你「或許還是就此打住比較好」，提供你一個重新考慮的契機。

我接下來將會詳細說明，但塔羅牌絕對不是魔法工具。牌面上雖然繪製了神祕的圖案，不過並不會有「如果不按照抽出的牌的指示行動，就會遭到詛咒」這種事情發生。塔羅牌只是探究你本身到底想怎麼做，並且賦予你思考機會的工具罷了。

無論抽出什麼牌，最後做決定的人都是你自己。只要記住這一點，相信塔羅牌就能成為你面對自我時的談心對象，並傾聽不能告訴任何人的想法的可靠摯友。

本書中將會介紹與塔羅牌相處的基本方式。並特別搭配按照占卜主題統整排列的關鍵字、填充式課程等前所未見的方法，建構出初學者也一定能得出答案的架構。

不過，這些只是為了掌握以塔羅牌占卜得出答案的「感覺」，畢竟塔羅牌的解讀方式原本就因人而異。因此，如果你覺得「塔羅牌真有趣！」就請別受到本書的關鍵字束縛，儘管以自己的方式解讀。

如果你因為本書而與塔羅牌邂逅，和塔羅牌親密到再也不需要這本書，而且讓塔羅牌對你的人生有所助益，就是最令我開心的事了。

本書特點

本書將會介紹無論是頭一次接觸塔羅牌的人或曾經遭遇障礙的人，
都能愉快使用的全新塔羅牌學習法。

找不到
適合問題答案的
關鍵字……

記不住塔羅牌
代表的意義！

無法區別
形象相似的塔羅牌。

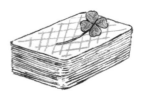

本書將替讀者排除塔羅牌占卜的障礙！

　　用塔羅牌占卜的時候，許多人遇到的
障礙應該是「書中沒有符合占卜內容的貼
切答案」吧？畢竟人類的煩惱無窮，想
要在單一書籍中收錄能對應所有問題的解
答，難度可說是相當高。

　　同樣地，我也常聽到「搞不清楚到底
準不準確」、「只能得出模稜兩可的答案」
等反應。

　　會遇到這種情況，是占卜者在並未明
確決定要占卜什麼事的情況下，不管

三七二十一地先抽了牌所導致。在隨自己高
興任意解讀、總是只想得出大同小異的關鍵
字的情況下，就會逐漸感到無趣而放棄了塔
羅牌吧。

　　本書本著「希望解決這類問題，讓更多
人了解塔羅牌的樂趣！」的想法，而構思出
「任誰都一定能得出答案的建構方式」那就
是按照主題羅列的豐富關鍵字，與填充式解
讀案例。

收錄依照主題羅列的
豐富關鍵字

解讀塔羅牌時，重要的並不是死背牌義，而是搭配問題靈活地應用核心關鍵字。比如說，〈愚者〉的關鍵字是「自由」，但帶入「目前狀況」時，就會變成「不曉得會發生什麼事」；帶入「人的心情」時，就會變成「不在意細節」；帶入「建言」時，就會變成「再放輕鬆一點」。在多數情況下，人們總會因為做不到這一點而受挫，但因為本書預先收錄了可應用於各種情況的關鍵字，想必能協助讀者掌握個中訣竅。

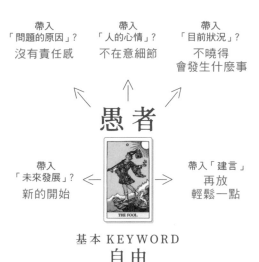

帶入「問題的原因」？
沒有責任感

帶入「人的心情」？
不在意細節

帶入「目前狀況」？
不曉得會發生什麼事

愚 者

帶入「未來發展」？
新的開始

帶入「建言」
再放輕鬆一點

基本 KEYWORD
自由

以填充式解讀案例
獲得簡單好懂的答案

在使用塔羅牌占卜時，無法獲得準確答案的原因在於問題曖昧不清。重點在於你必須明確認知「自己在占卜什麼」，因此如何擬定問題是非常重要的。在本書中，為了簡單明瞭地呈現「這張牌會呈現出問題中的什麼部分？」，而將解釋案例設計成填充題形式。請依據抽到的牌面，挑選適合的關鍵字填入空格中。填寫完成後，這段文字就會成為針對占卜問題的回答。

造成這個問題的原因是＿＿

關於這個問題，需要記住＿＿

① 原因　② 結果　③ 建言

就結果而言，這個問題會成為＿＿

將這兩者結合起來後⋯⋯

在①出現〈愚者〉的情況
造成這個問題的原因是
沒有責任感

在③出現〈愚者〉的情況
關於這個問題，需要記住
再放輕鬆一點

在②出現〈愚者〉的情況
就結果而言，這個問題會
成為新的開始

只要把關鍵字填入解讀案例的空格中，就能將你導向合適的解答。愈是活用，就愈能提升塔羅牌的應用能力。詳細的使用方式請參考 P149。

本書的閱讀方式

本書充滿使用塔羅牌占卜時的訣竅，
從塔羅牌的基本意義到提升應用能力的課程，應有盡有。

Introduction
何謂塔羅牌？

說起來，所謂的塔到底是什麼樣的卡片呢？首先就來了解整體的組成架構與運作方式吧。如果有人覺得「總之我想立刻占卜看看」，那麼直接跳過本章往下閱讀也沒有關係。

Chapter 1
描繪出豐富的
意象特徵
22張大阿爾克那

Chapter 2
由四大元素
組成
56張小阿爾克那

接著，就來掌握每一張塔羅牌上畫了些什麼、代表何種意義吧。不需要從一開始就記住所有的牌義。只要試著占卜，遇到不懂的地方再參考本書，慢慢記住就行了。

Chapter 3
任何煩惱都能占卜
牌義解析

本章會解說塔羅牌的基礎占卜方式。就從用一張牌占卜的「單張牌」牌陣著手吧。連續不斷地嘗試占卜煩惱或在意的事，就是成為塔羅牌大師的捷徑。

Chapter 4
排除塔羅牌的障礙！
八堂課程

多數人放棄塔羅牌的原因，是在占卜的過程中遇到難以解讀的牌面或千篇一律的解釋。而本章中將會仔細地補強這部分。

Special Contents
塔羅牌占卜實例集　歡迎來到 LUA 的鑑定專欄
關於塔羅牌的 Q&A

一旦實際進行占卜，就會明白現實無法照本宣科，完全符合教學書的內容。因此本章收錄了職業占卜師如何解析牌義的鑑定案例。相信能提供你「原來是這樣解讀啊！」的提示。

POINT

為了追求進步的你收錄許多訣竅

在本書的「POINT」欄位中，納入大量能幫助你掌握塔羅牌、更加享受並自由詮釋的訣竅。或許可說是至今為止的教學書中鮮少提及的專業訣竅或隱藏技巧。

在遭受挫折或解讀碰壁時，請試著翻閱本書，相信其中會藏著對你有所助益的各種提示。

Introduction

神祕的78張牌

何謂塔羅牌？

說起來，所謂的塔羅牌究竟是什麼？
首先來談談多數人都似懂非懂的基礎概念。

戀愛、工作、財務⋯⋯不覺得面對煩惱時，如果能靠自己找出答案就太好了嗎？

我們在日常生活中總會面對各式各樣的煩惱，其中也存在著無論如何思考都得不出答案的問題吧？

在這種時候，塔羅牌這項工具就能提供你提示，為你僵化的思考方式另闢蹊徑。

合計78張的卡牌各自擁有意義，能回答你所提出的疑問：「會不會是這樣？」、「有沒有這樣的可能性？」在得到答案時，我們會恍然大悟地心想「或許是這樣！」；而在被說中痛處時，也會再次反思「確實如此」。

只要有塔羅牌在身邊，我們自我探查的過程就會顯得格外順利。也因此能在面對各種煩惱時，靠自己得出答案。

你要不要也在手邊擺一副塔羅牌呢？

塔羅牌能占卜哪些煩惱？

Answer_1

能占卜現在、過去、未來的任何事

塔羅牌能回答人類所煩惱的任何事情。不只是此時此刻發生的事，就連關於過去或未來的事也一樣。只不過未來尚未成為定數，塔羅牌所顯示的未來是呈現「這樣下去或許就會如此」的可能性。那會不會成為現實，端看你的行動而定。

> 為什麼跟以前的情人無法順利發展？

> 現在聯絡那個人是否恰當？

> 明天的簡報會怎麼樣？

Answer_2

也能得知人的內心或狀態

我們無法窺探人心。更進一步說，甚至連自己的內心都無法完全掌握。所以才會感到煩悶、不安、疑神疑鬼。在這種時候，只要抽一張牌，以此為起點開始思考，如此一來，就能碰觸自己或他人的內心。

> 內心煩悶，靜不下心……我想要提示。

> A跟B，誰比較吸引我？

> 現在是誰占據了那個人的心？

Answer_3

還可以獲得日常生活上的建言

就算現在沒有煩惱，還是可以使用塔羅牌占卜。在你「想獲得讓事情順利進行的指南針」時，也可以隨手抽一張牌。只要將得到的牌視為建議，一定能做出更好的選擇。塔羅牌能給予你實現願望的提示，或是在偏離前進方向時，點出修正軌道的契機。

> 今天只要注意哪些事，就能順利度過？

> 粉紅色跟水藍色的洋裝，買哪件我才會滿意？

> 該怎麼做才能跟那個人進展順利？

一切答案
都在你心裡

　　比起用「記住」、「讀取」，塔羅牌更是用「感覺」的，翻開牌面那一刻的感覺就是一切。是「太棒了！」還是「討厭的感覺……」呢？這時候再次自問「我為什麼會覺得開心？」、「為什麼會感覺到討厭？」，湧上心頭的想法其實正與問題的答案有所關聯。

　　比如說，在占卜戀情發展時抽到了〈愚者〉這張牌。如果過程中感覺有譜，你在看到這張牌時應該會有「好的感覺」；而在自認或許有難度，心裡有底時就會覺得「感覺有點不安」。

　　換言之，在你那每天累積了許多資訊的潛意識中，其實已經藏有答案的提示了。塔羅牌只不過是將其釣起的魚鉤罷了。一旦懂得運用塔羅牌，你就能從潛意識裡接收到許多資訊。

以塔羅牌占卜的好處是？

Answer_1

能靠自己
得出煩惱的答案

一旦開始使用塔羅牌，就會提升「思考能力」。這是由於要向塔羅牌提出問題，就需要自問自答。能力提升之後，在思考該怎麼詢問塔羅牌的過程中就得出答案也是常有的事。塔羅牌能訓練自己確實靠頭腦思考，並針對煩惱得出答案的能力。一旦將塔羅牌融會貫通，意志就能變得明確，能堅定地活下去。

Answer_2

能鍛鍊想像力，
令直覺更加敏銳

在以塔羅牌占卜的時候，請從率先映入眼簾的地方開始解讀。隨著揭示牌面，圖像就會與本身的某些資訊相結合，想像也將逐漸擴展，並構築成故事。有時令你感覺到「奇怪？」的不協調感也是很重要的。只要平時持續接觸塔羅牌，就能更容易體驗到這種感覺，讓創造能力甦醒、直覺變得更加敏銳，好處多多。

Answer_3

提升應對能力與臨場反應能力，
成為好運的人！

所謂的塔羅牌占卜，是從隨機挑選的卡牌中找出故事的過程。可以說塔羅牌就是「提供點子的夥伴」。由於必須從畫面中聯想、即興創作出故事，因此也能成為鍛鍊臨場反應能力的課程。這麼一來，「無論對方拋來什麼話題都能有回應」。因為提升應對能力是成為好運之人不可或缺的條件，一旦將塔羅牌融會貫通，你的運勢也能跟著提升。

Answer_4

不會再為了某事而後悔
或怪罪他人

人在煩惱時，很容易就會只注意到自己，認為「是那個人不對」、「自己受到傷害」。不過其實周遭的每一個人都擁有心，對方或許也跟你一樣會受到傷害，並因此感到困擾。而使用塔羅牌就能培養你客觀看待狀況的能力，因為變得能靠自己的力量決定事情，也就不會再對做出的決定感到後悔，或者怪罪他人了。

重點並不是抽出的牌，
而是你決定怎麼做

我曾在六本木經營過一間塔羅牌酒吧。客人當中有人是經營者，曾經請我占卜「目前我有三個想嘗試的事業，哪一個比較具有發展性？」、「如果要找事業上的合作夥伴，哪個人比較合適？」等問題。換言之，並不是把一切交由占卜決定，而是首先擁有「自己想這麼做」的想法，並為了實現想法而運用占卜。

即使沒能得出好答案，他設定問題並提問的方式也相當高明。「那麼，該怎麼做才能順利進行？」這讓我相當佩服，認為「這正是塔羅牌的正確使用方式」。

在運用塔羅牌占卜之際，重點並不是「會怎麼樣？」而是「自己想怎麼做、要怎麼做？」重點在於並不是由抽出的塔羅牌來決定人生，而是你透過塔羅牌感覺到、思考些什麼，並採取怎樣的行動。

塔羅牌困不困難？

Answer_1

並不需要特殊技能，
任何人都能進行占卜！

經常有人問我「塔羅牌占卜需不需要通靈能力？」，並沒有這回事。在命中率高得嚇人時，的確可能會發生很不自然地好幾次抽出同一張牌的情況。不過那與其說是通靈能力，不如說是人類原本就具備的直覺所造成。反過來說，一旦開始使用塔羅牌，直覺就會變得愈來愈敏銳，讓你在日常生活中也常會有靈光乍現的情況。

Answer_2

比起死背，
享受更為重要

在初學塔羅牌就受挫的人當中，有許多人給人循規蹈矩的印象。雖然充滿幹勁地心想「我得把所有牌義記下來！」，卻總會在半途受到挫折。就算不追求完美也無所謂，請隨興地、適度地一邊享受一邊占卜，並且持續下去，就算是知其然不知其所以然也無妨。這麼一來，不久後應該就能掌握到「原來塔羅牌是這樣使用啊」的感覺才是。

Answer_3

即使是看似恐怖的牌面，
也只是思考用的提示

或許有人會對塔羅牌抱持著略微恐懼的印象，不過塔羅牌的起源其實是遊戲用卡牌，就像現在的撲克牌一般，絕非巫術用的工具。在塔羅牌中也有〈死神〉這類圖案恐怖的牌，不過那只是表現「死亡」這個概念的方式，絕對不會因此喚來死神或下咒，請放心。

Answer_4

即使是「今天要吃什麼？」
等輕鬆的問題也能占卜

塔羅牌給人神祕的印象，也因此，應該有許多人認為只有面臨嚴重的煩惱才能占卜，不過絕對沒有這種事。你既可以占卜明天的天氣，在稍微猶豫不決，比如說「今天適合吃些什麼菜色？」、「網路購物時該買哪款商品？」時，也可以為了做出更好的選擇，而請塔羅牌提供建議。請試著在日常生活中的各種場合輕鬆使用吧。

所謂的塔羅牌，
是運用78張牌的占卜方式

關於塔羅牌的起源眾說紛紜，其中最多人認為其原型是在十四世紀的歐洲使用、如撲克牌般共有56張的遊戲卡牌。

後來在十五世紀的文藝復興時代，除了56張數字牌外，又加入22張圖案牌，而成了78張牌。換句話說，塔羅牌原本並不是用來占卜，而是用在遊戲上的工具。

而這些卡牌在不知不覺間被賦予帶有神祕色彩的意義，才如同現代般作為占卜工具的存在而廣為人知。

塔羅牌由22張大阿爾克那與56張小阿爾克那組成。「阿爾克那」在拉丁文中的意思是「被隱藏的事物」，一整副牌稱作「Deck」。

大阿爾克那中繪有〈愚者〉、〈女皇〉、〈正義〉、〈太陽〉等具有主題的圖案；而小阿爾克那則像撲克牌一樣分為四種花色，繪製著數字或人物。

22張大阿爾克那

指的是繪有〈愚者〉、〈女皇〉、〈皇帝〉等人物；〈星星〉、〈月亮〉、〈太陽〉等自然事物；或〈正義〉、〈死神〉、〈節制〉、〈世界〉等概念，共計22張的卡牌。

56張小阿爾克那

指的是共分四種花色（P21），各自包括一（ACE）～十、侍者、騎士、王后、國王等14張牌的卡牌。接近現在的撲克牌，共計56張。

牌面上繪製了什麼？

Answer

以各式各樣的象徵
來表現塔羅牌的訊息

繪製在塔羅牌上的圖案依 Deck 不同而各異，本書則舉最為普及的「偉特塔羅」（P24）為例來解說。

每一張塔羅牌全都隱藏著不同的訊息。

比如說在大阿爾克那中有一張名為〈星星〉的牌，這是張擁有「希望」訊息的牌，並以各式各樣的主題來呈現「希望」。

小阿爾克那的每一張牌也同樣各具意義，特徵在於主題中一定會繪製四種花色（P21）之一。花色的數量則對應卡牌的數字。

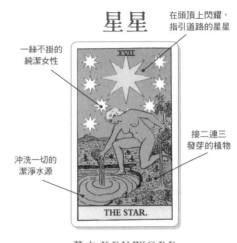

星星

在頭頂上閃耀，指引道路的星星

一絲不掛的純潔女性

接二連三發芽的植物

沖洗一切的潔淨水源

THE STAR.

基本 KEYWORD
希望

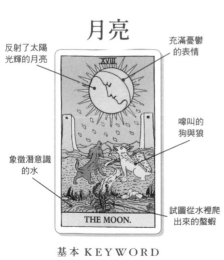

月亮

反射了太陽光輝的月亮

充滿憂鬱的表情

嗥叫的狗與狼

象徵潛意識的水

試圖從水裡爬出來的螯蝦

THE MOON.

基本 KEYWORD
神祕

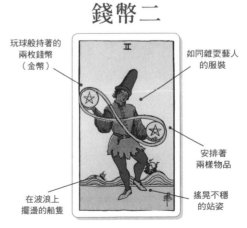

錢幣二

玩球般持著的兩枚錢幣（金幣）

如同雜耍藝人的服裝

安排著兩樣物品

在波浪上擺盪的船隻

搖晃不穩的站姿

基本 KEYWORD
柔軟度

何謂大阿爾克那？

Answer

呈現從〈0愚者〉到〈21世界〉 的成長故事

在22張大阿爾克那中，繪製了〈魔術師〉、〈戰車〉、〈命運之輪〉等各式各樣的主題，綜觀整體，也可說是在呈現人類成長的故事。

以〈0愚者〉比喻初生的靈魂展開旅行，以〈1魔術師〉比喻開始擁有想達成些什麼的意志，以〈2女祭司〉比喻首次意識到他人的存在……接下來在體會各式各樣的主題後，最後以〈21世界〉比喻一段人生的完成。請試著從〈愚者〉到〈世界〉，依序欣賞牌面吧。

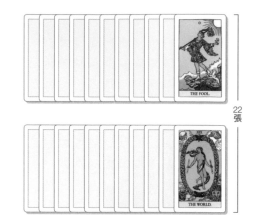

22張

何謂小阿爾克那？

Answer

由四種花色組成， 各14張的卡牌

56張小阿爾克那據說是撲克牌的起源，因此組成也和撲克牌非常相似。

小阿爾克那大致可分為繪製著棍棒的〈權杖〉、繪製著金幣的〈錢幣〉、繪製著劍的〈寶劍〉，以及繪製著杯子的〈聖杯〉四種。

每一種象徵稱作「花色」。

每一種花色各有從一（ACE）到十為止的10張數字牌，以及繪有人物的4張牌。

一組14張牌，分為四種，所以共計56張牌。

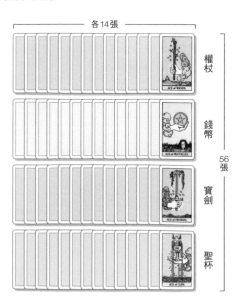

各14張

權杖

錢幣

寶劍

聖杯

56張

何謂花色？

成為撲克牌符號根源的
火、地、風、水之象徵

據說繪製在小阿爾克那上的權杖、錢幣、寶劍、聖杯四種花色，分別就是撲克牌的梅花、方塊、黑桃、紅心符號的原型。

這在西方對應了構成萬物的火、地、風、水四種元素。火代表熱情、地代表物質、風代表思考、水代表情感──這些是驅使人類活動的基本原理；在卡牌上則分別繪製著棍棒、金幣、劍與杯子的圖案來代表權杖、錢幣、寶劍與聖杯。

花色	圖案	元素	對應撲克牌	象徵意義
權杖	棍棒	火	♣ 梅花	熱情／能量／活動
錢幣	金幣／銅幣／圓盤	地	♦ 方塊	物質／感覺／現實
寶劍	劍	風	♠ 黑桃	思考／精神／資訊
聖杯	杯子	水	♥ 紅心	感情／情緒／共鳴

何謂數字牌、宮廷牌？

數字牌呈現號碼，
宮廷牌呈現人物

小阿爾克那中，從一（ACE）到十的卡牌稱作「數字牌（Numeral card）」。在牌中繪製著數量與牌號相同的花色象徵圖案。

而繪製了侍者、騎士、王后、國王等四名人物的卡牌稱作「宮廷牌（Court card）」。在牌中會分別繪製這些人物手握象徵該花色物件的模樣。順帶一提，「宮廷牌」又可稱作「人物牌」。

數字牌

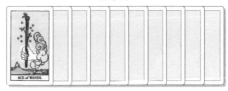

從一（ACE）到十的 10 張牌。以分別的花色個數呈現號碼。

宮廷牌

描繪侍者、騎士、王后、國王四名人物的卡牌。

牌面解說閱覽方式

在 Chapter 1 與 Chapter 2 中，會分別解說22張大阿爾克那與56張小阿爾克那。
以下將說明閱覽相關頁面的方式。

大阿爾克那

小阿爾克那

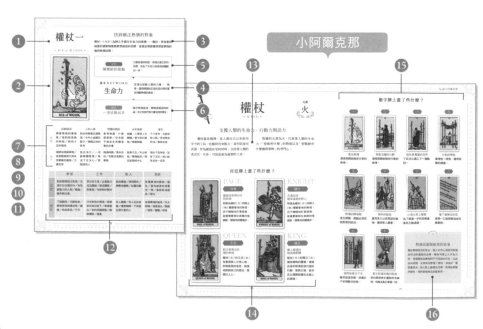

① 卡牌的名稱與編號

本欄寫有塔羅牌的名稱。此外卡牌編號會依塔羅牌種類而不同（P185）。

② 卡牌的牌面

22張大阿爾克那的牌面上會以英文寫上卡牌名稱與編號；小阿爾克那則只有一（ACE）、侍者、騎士、王后與國王會寫上名稱，二～十不會寫上名稱，但會以代表花色（P21）的圖案個數呈現數字。刊載在本書中的是世界上最為普及的「偉特版」塔羅牌。根據塔羅牌款式不同，牌面圖案也會有很大的差異。

③ 卡牌的基本意義

本欄解說的是從牌面上繪製的事物所推導出的，這張卡牌的基本意義。

④ 基本 KEYWORD

本欄為該張卡牌核心的關鍵字，會從這裡拓展意象並加以解釋。在無法順利解讀牌義時，可以試著回到這個關鍵字上來思考。

⑤ 正位的意義

本欄為該卡牌為正位（圖面正常呈現的狀態）時的意義。

⑥ 逆位的意義

本欄為該張卡牌為逆位（圖面上下顛倒的狀態）時的意義。

⑦ 帶入「目前狀況」的關鍵字

本欄為詢問「現在是處於何種狀況」時的解釋例子。

⑧ 帶入「人的心情」的關鍵字

本欄為詢問「某個人（包括自己）抱持著何種想法」時的解釋例子。

⑨ 帶入「問題的原因」的關鍵字

本欄為詢問「是什麼造成這個問題」、「原因為何」時的解釋例子。

⑩ 帶入「未來發展」的關鍵字

本欄為詢問「問題今後會怎麼發展」、「未來的狀況會如何」時的解釋例子。

⑪ 帶入「建言」的關鍵字

本欄為詢問「該如何面對那個問題才好」、「該留意哪些事情」時的解釋例子。

⑫ 分門別類的解釋例

本欄聚焦於占卜頻率高的戀愛、工作、待人三大類型上；而在「其他」欄則收錄了包括財運、健康以及專屬該張牌的關鍵字。

⑬ 花色所代表的意義

本欄解說的是小阿爾克那的各種花色——權杖、錢幣、寶劍、聖杯的相關主題。

⑭ 宮廷牌（人物牌）上畫了些什麼？

本欄解說的是四張宮廷牌上的角色（侍者、騎士、王后、國王）如何呈現其在各種花色中的意義。

⑮ 數字牌上畫了些什麼？

本欄會如同述說連續故事一般，解說從一至十的數字牌。

⑯ 數字牌所顯示的故事主題

本欄解說的是各種花色的數字牌所呈現出的故事主題。

基本的塔羅牌

以下介紹塔羅牌的種類。各位可從基本的偉特版開始，
也可以挑選喜歡的牌面圖案愉快地學習。

Rider-Waite-Smith Tarot
萊德・偉特・史密斯塔羅

本書中稱之為偉特塔羅。這是十九世紀時，由魔法結社「黃金黎明協會」的成員亞瑟・愛德華・偉特（Arthur Edward Waite）所設計、畫家帕米拉・科爾曼・史密斯（Pamela Colman Smith）所繪製，並由萊德公司出版的塔羅牌。是全世界的塔羅牌愛好者都愛使用的基礎塔羅牌。

Tarot of Marseille
馬賽塔羅牌

馬賽塔羅牌的歷史比偉特塔羅還要悠久。這流行於十六世紀的歐洲，強而有力且樸素的版畫風格插圖別有風味。不過這版的小阿爾克那數字牌上沒有人物圖案，僅以花色與個數呈現。

Other Tarots
各式各樣的塔羅牌

自古以來，塔羅牌就是很受歡迎的收藏品，有許多藝術家會製作獨創塔羅牌。請從圖案、尺寸等挑選你喜歡的款式。除了卡牌專賣店外，書店或網路購物也會販售。

Chapter 1

描繪出豐富的意象特徵

22張
大阿爾克那

讓我們來看看作為塔羅牌主角的
大阿爾克那牌上
描繪了什麼樣的主題。

大阿爾克那是
意義格外重要的22張牌

一聽到「塔羅牌」這個詞彙，許多人首先在腦海裡浮現的想必是22張「大阿爾克那（Major Arcana）」牌吧。

將比如說〈愚者〉、〈魔術師〉、〈女祭司〉等人物；〈星星〉、〈月亮〉、〈太陽〉等自然事物；〈惡魔〉、〈命運之輪〉等虛構的存在，以及〈死神〉、〈正義〉、〈審判〉等抽象概念繪製在共計22張的卡牌上。

就算不知道卡牌所代表的意義，還是有許多人會感到不可思議，並受到吸引而拿起來看看吧。

繪製在卡牌上的其實並不是欣賞用的圖畫。雖然也有將其視為單純圖畫的時代，不過那是在還把塔羅牌當作吃碰遊戲等遊戲卡牌使用的時候了；後來，塔羅牌被賦予各式各樣的神祕主義意涵，並添加了有著豐富資訊的象徵。

塔羅牌就此開始擁有了「意義」。

比如說，〈愚者〉的牌面上繪製了旅行者在懸崖無憂無慮地漫步的情景，這代表著「不受任何事物束縛的自由」；此外，浮現陰鬱表情的〈月亮〉則代表著如同被月光籠罩般朦朧不清、「曖昧不明的狀態」。

只要了解隱藏在卡牌中的意義——也就是訊息——就能明白塔羅牌為什麼能夠用來占卜了。我們會隨機抽出牌，接收牌面上描繪的意義，並從中尋找未來、人的真實想法或建言等等。

首先，這22張大阿爾克那是塔羅牌的基礎。據說在將78張牌一起使用時，會顯現出「命運般特別重要的事件」，所以將塔羅牌融會貫通的第一步，就是先試著投入這大阿爾克那的世界。

據說從代表開始的起點〈愚者〉，到代表一切完成的〈世界〉告終，整副大阿爾克那會建構出人類成長的故事。請務必抱持著開啟一扇扇成長之門的想法，試著前往22張大阿爾克那牌的世界旅行。

POINT

卡牌編號這樣記

首先記住與卡牌有關的羅馬數字表記規則吧。從「1（Ⅰ）」、「2（Ⅱ）」、「3（Ⅲ）」為止還很簡單。在這之後的數字，就會以「5（Ⅴ）」和「10（Ⅹ）」作為基準。寫在這兩個數字左側的數字為減，寫在右側的數字為加。比如說「4（Ⅳ）」的「Ⅰ」因為寫在「Ⅴ」的左邊，所以就是「5-1=4」。

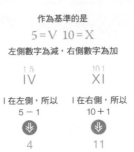

作為基準的是

5 = Ⅴ　10 = Ⅹ

左側數字為減，右側數字為加

1 5　　　　10 1
Ⅳ　　　　　Ⅺ

Ⅰ在左側，所以　　Ⅰ在右側，所以
5-1　　　　　10+1
⇓　　　　　　⇓
4　　　　　　11

愚者
❋ THE FOOL ❋

不受任何事物束縛，
歌頌無限的自由

　　只有身上這套裝束，揹著輕鬆的行囊悠閒漫步的旅行者。他一手拿著摘下的白玫瑰，看起來正盡情謳歌著自由。不過在他腳邊，前方並沒有道路可走。狗兒在一旁提醒著危險，但他卻渾然不覺……〈愚者〉的牌呈現的是自由，以及不知道下一步會怎麼樣的未知狀態。

　　這是張雖然充滿無限可能性，卻也可能會從懸崖上跌落；即使如此仍展現「船到橋頭自然直」的樂觀狀態的牌。

該如何思考？

**不知道事情
會變得怎麼樣**

表現出不受「該這樣」的既定觀念、常識或世俗眼光所束縛的純粹價值觀，依照自己的心意生活的狀態。因此會有出乎意料的機會從天而降，或湧現嶄新的點子。所謂的自由，就是擁有無限的可能性。

基本 KEYWORD
自由

〈愚者〉所呈現的是「能成為任何一種人的自由」。即使從懸崖上摔落，只要接著發展出新的故事，那也是一種人生。請用牌面的正逆位來判斷這份自由會如何呈現。

逆位

**由於猶豫不決
而任人擺布**

凡事都猶豫不決的消極面特別顯眼。由於漫無目的地持續遊蕩，而遭受居無定所的孤獨感折磨。不僅如此，隨心所欲的個性還會被視為態度不負責任，導致失去周遭人們的信任。懂得拿捏自由與社會化之間的平衡是很重要的。

該如何解釋？

帶入 **目前狀況**	正位	某種新事物展開／不知道會發生什麼事／難以預料／故事開始／啟程／出發的時刻將近／想法轉變
	逆位	沒有明確方針／隨波逐流／立場不穩定／責任歸屬不明確／無法決定／沒有察覺嚴重的風險
帶入 **人的心情**	正位	產生新的想法／沒有謊言或算計的純粹心情／對新穎的事物感興趣／好奇心旺盛／不在意瑣事／無關緊要
	逆位	還不想下決定／遲滯狀態／不想面對現實／連自己也不知道該怎麼做／想視而不見／隱藏內心真正的想法
帶入 **問題的原因**	正位	想法並未統合／太常單獨行動而與周遭格格不入／計畫不夠具體／想法特立獨行而無法獲得理解／沒有責任感
	逆位	只考慮到自己的自私態度／只想應付眼前的狀況，應對態度不一致／優柔寡斷而欠缺決斷力／只是裝腔作勢地要流氓
帶入 **未來發展**	正位	新的開始／微不足道的小事將成為契機，推動命運／令人從現在所處環境踏上旅途的事件／放下重擔／解脫拘束
	逆位	看不見未來的情況會持續一陣子／不得不隱藏自己內心的狀況／一切敷衍了事的狀態／意志力薄弱而隨波逐流
帶入 **建言**	正位	留意不落俗套的想法／不用力過度／再放輕鬆一點／別在意周遭的目光／下定決心脫離現在的環境
	逆位	如果不確實抱持責任感，會成為失去信任的原因／別欺騙自己／別從現實上別開視線，好好面對／減少單獨行動

如果要進一步應用？

	戀愛	工作	待人	其他
正位	新的邂逅／在獨自外出的地點會碰上戀情／以輕鬆的步調兩情相悅／不加矯飾的魅力	閃現新的點子／以自由業身分工作／沒有固定工作／轉行到其他領域	不隨人起舞地貫徹自己的道路／樂觀的／偶然聽見有提示作用的話語	不戰而勝／潔淨無瑕／啟程／追夢人／左手賺錢右手花錢／空白／稍微期待／自由而隨心所欲
逆位	猶豫不決的態度／只是玩玩的戀情／迷上沒有生活能力的異性／腳踏兩條船上的關係／搭訕	能力不足／不負責任招致的麻煩／拖拖拉拉而加班／裝出在工作的模樣／沒有精神	單獨行動而欠缺協調性／見風轉舵／社交態度隨便／選擇輕鬆的方式／懶惰	打退堂鼓／想要逃避／在旅行地發生麻煩／隨便的主意／態度自私自利／虛構／期待落空

魔術師
* THE MAGICIAN *

年輕而充滿自信的
創造性

　　男性意氣風發地高舉著魔杖，表情充滿自信，正準備大展身手。在前方桌上同時排著構成宇宙的四大要素——權杖、錢幣、寶劍與聖杯。

　　他是擁有能隨心所欲操縱這一切力量的〈魔術師〉。只要擁有這份力量，就能創造出任何事物。這也是告知你萬事已經準備完成，展開行動的時刻終於到來的牌。

該如何思考？

正位	
主動展開行動	擁有「自己想怎麼做」的明確目標意識。因此不需要等待他人支援或準備，就會自動自發地展開行動。內在對自己有著堅定的信心，那也將成為吸引他人的魅力所在，想必極具說服力。

基本 KEYWORD	
創造力	這張牌的關鍵字所呈現的，是今後將如何在人們面前展現無中生有的力量。請用牌面的正逆位來解讀那將會基於何種想法而實現。

逆位	
只想獲得利益或好處	「為什麼要那麼做」的想法模糊且心懷迷惘，或許還沒培養出真正的自信心。會想以標新立異的行為令周遭大吃一驚，或許也是這種心情的展現。有時也可解釋成做出濫用才能欺騙人這類低階的行為。

該如何解釋？

帶入 **目前狀況**	正位	正站在起跑線上／萬事俱備／周旋順利的時候／天時地利人和的機會 ／應當掌握主導權的情況
	逆位	該停下腳步重新思考的時候／各方面都不夠充分／只能靠口才或手腕 來度過難關的狀況／想前進卻窒礙難行／得不到周遭認同
帶入 **人的心情**	正位	有想做的事／已經整理好想法／想展開某些新的事情／享受與他人交 流／希望他人理解自己的想法／找到夢想
	逆位	有所迷惘／不了解事物的本質／依自己方便解釋現實／說謊／對才能 沒有自信／快敗給周遭的反對
帶入 **問題的原因**	正位	毫無根據的自信／前進的方法有誤／只會空口說白話而不採取行動／ 特立獨行而無法獲得周遭的理解／說明不足
	逆位	還有更多其他方法／一切都沒有順利運作／已達飽和狀態／令人失去 自信的事／在眾人面前失敗導致心理創傷
帶入 **未來發展**	正位	出現新的發展／一切事物順利進展／著手進行想做的事／率先展開行 動／能大展長才的機會上門
	逆位	無法順利進展／不知為何很不順利／束手無策的狀態／假面具剝落／ 放棄什麼／被騙子欺騙／點子遭駁回
帶入 **建言**	正位	靠自己思考行動而不假手他人／抱持自信／說服對方獲得理解／不要 畏懼站在前頭／比任何人都率先邁出一步
	逆位	不能中途撒手放棄／在放棄之前應該還有可以做到的事／嘗試其他做 法／別害怕與人有所牽連／擁有堅強意志

如果要進一步應用？

	戀愛	工作	待人	其他
正位	實現理想的戀情／與很棒的異性交往／積極出擊為佳／理性的關係	發揮才能／熱情地埋首其中／實現點子或企劃／能活用自身能力的工作	高度溝通能力／左右逢源／話語具說服力／擅長交涉	積極性／腦筋轉得快／博學多聞／魅力／靠實力獲勝／凡事稱心如意／表達意見
逆位	被人利用的戀情／遇到光說不練的對象／棘手的戀情／受騙／婚姻詐欺	對工作提不起幹勁／工作忙不過來／考慮換工作／有其他想做的工作	優柔寡斷／不擅長應付對方／敷衍一時的對話／想保持距離的心情／格格不入	消極性／笨拙／事情無法順遂／意志薄弱／四處碰壁無路可走

女祭司

⁎ THE HIGH PRIESTESS ⁎

廉潔而高貴的智慧，
甚至散發著緊張感

　　這名頭戴著大地母神之冠的神祕女性，就是〈女祭司〉。散發純潔無瑕的高貴氣息，從手持猶太教聖典《托拉》這點也可窺見她是個深思熟慮的聰慧人物。

　　她背後一黑一白的雙柱令人印象深刻。這象徵著男女、陰陽、光明與黑暗、意識與無意識等相對的兩者，牌面整體帶給人一種緊張感；而背對象徵男性與女性的椰棗與石榴的姿態，也呈現出這張牌所具有的高潔感。

該如何思考？

正位 以智慧與 理性凝望	呈現出藉由天生的智慧與理性，認真掌握問題的姿態。其中絕無曖昧不明或投機取巧。擁有高潔的精神，不會過度關照或偏袒任何一方。同時也有比他人更容易受傷的纖細一面。
基本 KEYWORD **精 神 性**	有學習熱忱的〈女祭司〉呈現豐富的精神性姿態。會高舉著「我想這麼做」的崇高理想，並思考該怎麼做才能實現。而她面對理想的態度會呈現在牌面的正逆位上。
逆位 只看見自己 想看的事物	這張牌所擁有的潔癖或完美主義的一面格外顯眼。會無法容許骯髒或曖昧不明的部分，而試圖澈底排除，也因此可能會以扭曲的角度面對現實。而如果以這樣的態度面對他人，挑剔批評對方負面部分的行徑就會相當顯眼。

該如何解釋？

帶入 **目前狀況**	正位	一切齊備的狀態／清心寡慾的生活／為了接近憧憬而努力的時候／應當學習某事物的運氣／正在發展中／直覺與洞察力敏銳的時候
	逆位	過於緊湊，應接不暇／未來無法預測，曖昧模糊／散發緊張感而充滿壓力的處境／經驗不足的事實十分明顯／與他人之間有隔閡
帶入 **人的心情**	正位	認真地領會事物／不依賴人而嚴以律己／凡事都想黑白分明／強烈憧憬著某人／下意識地感到緊張
	逆位	精神上不成熟／眼界狹隘，看不見重要的事物／抗拒與自己不同的事物／對他人抱持批判態度／容易歇斯底里
帶入 **問題的原因**	正位	過度追求正確答案／過於潔癖而缺乏柔軟度／應對上過於冷酷／對事物了解過於透澈／被認為是高不可攀／散發他人難以接近的氛圍
	逆位	不知變通／不懂裝懂／不聽別人說話／立刻就變得歇斯底里／過時／隱瞞經驗不足的事實
帶入 **未來發展**	正位	出現學習某些事物的機會／獲得重要的靈感／察覺重要的事情／看見目標／加以修正／察覺危險
	逆位	失去冷靜而陷入慌亂的情況／容易採取極端的行動／批判精神強烈而導致孤立／累積壓力的情況／滿口批判或憤世嫉俗的每一天
帶入 **建言**	正位	朝著目標邁進／嚴以律己，別敗給誘惑／改正整體生活的機會／重點在於從基礎開始學習／別逃避該做的事
	逆位	抒發壓力／確實掌控情感／別被資訊牽著鼻子走／從少女階段畢業／接受包括缺點的一切

如果要進一步應用？

	戀愛	工作	待人	其他
正位	老派的交往／隱藏心意／單戀／柏拉圖式的愛情／戀愛經驗很少／處女	勤勉／沒有過失／實務／計畫／職業婦女／工作能幹的人／取得證照	內心細膩且質樸的人／熱衷學習的人／黑白分明／不依賴人獨力完成	憧憬的形象／冷靜／聰穎／纖瘦／無瑕／素雅／少女般／浪漫
逆位	嫉妒／內心猜疑／擔心出軌／神經質的人／愛抱怨／容易起口角／個性乖僻	能力不足／累積壓力的職場／挑毛病／獨裁女王／假情報／形跡可疑	神經質且心情鬱悶／追求完美／潔癖／內心沒有餘裕的人／壓力	不成體統／骨瘦如柴／內心死板／精神上不穩定／狡猾／獨斷與偏見

女皇
• THE EMPRESS •

能同時感受到愛、美與豐饒的女性

　　舒適地端坐在豐饒結實的大自然中的〈女皇〉，豐腴的身材令人聯想到懷孕。如同大地培育植物，使其結實一般，人類也是孕育新生命的存在。這張牌可說是象徵著這源源不絕的生命循環，以及從中產生的豐饒。

　　在她禮服上所繪製的是象徵女性特質的石榴，那接受一切的包容力與不求回報的愛，帶來了繁榮。

該如何思考？

正位	意指盡情地接受、品嚐各種豐饒。愛人與被愛的關係、使所有人為之著迷的美麗，以及充分的收成（財富）。那絕對不是貪婪，而是理所當然、能夠自然而然接受的收穫——也暗示了這樣的發展即將到來。
盡情享受豐饒的收成	

基本 KEYWORD

愛

　身旁心型盾牌上描繪著的是司掌愛、美與創造的金星符號，呈現在大地生活的喜悅。請用牌面的正逆位來解讀愛與這份豐饒產生的交互作用。

逆位	呈現豐饒程度稍嫌過剩的狀態。遺忘對於獲得他人施予的事物的感恩，逐漸失去感謝的心情。生活整體而言變得怠惰，魅力也逐漸減退。此外也可解釋成不夠豐裕，或是渴望著些什麼。
對過剩的恩惠感到厭煩	

該如何解釋？

帶入 **目前狀況**	正位	物質與精神上都游刃有餘的狀況／充實的每一天／產生些什麼的運氣／能對人溫柔的時候／魅力正在提升／能夠維持自然的態度／有喜事
	逆位	對現狀坐享其成／依賴某人／慵懶無度的生活／經常無法自制／容易發財的運氣／飽和狀態
帶入 **人的心情**	正位	沉靜而游刃有餘的心境／接受一切／如母親一般／愛著某人／能夠不求回報地對人溫柔／想要培育些什麼
	逆位	對自己太好／對一切敷衍了事／搞錯愛與溺愛的差別／依賴某人（或某物）／過度干涉／選擇輕鬆的方式
帶入 **問題的原因**	正位	愛或善意遭人利用／過於溫柔的態度招致誤會／過於沒有危機意識／滿溢的魅力或才能招惹麻煩／受到同性的嫉妒或偏見
	逆位	抱著「船到橋頭自然直」，依賴外力的態度／沒有自制力而敗給誘惑／無法遵守與別人的約定／容易依賴人／愛玩過頭／暴飲暴食
帶入 **未來發展**	正位	戀慕心變為愛情／得到滿意的結果／在物質上很穩定／與周遭的人構築起良好的關係／成熟／魅力提升而受到歡迎／培育人才
	逆位	選擇門檻較低的路／事情不按照預定進行／被人小看／魅力減退／出乎意料地懷孕／毫無計畫而使事情以失敗告終
帶入 **建言**	正位	對任何人都要溫柔／原諒對方相當重要／應該把愛多用言語表達出來／強調女性特質的部分／意識到擔任潤滑劑的角色／重要的是互相協助
	逆位	應該暫時抱持觀望態度，避免做決定／與太過親密的對象暫時保持距離／保留休息時間／生活上懂得劃清界線／明確地表達 NO

如果要進一步應用？

	戀愛	工作	待人	其他
正位	相愛的關係／以體貼培育愛情／母性的愛／有包容力的人／令人欣喜的懷孕	獲得利益／向心力高的舒適職場／合作體制／高額報酬／工作方式舒適	能夠放鬆的人／體貼待人／成熟的人／具創造性的關係	產生／溫柔／游刃有餘／財務上寬裕／優雅／奢侈／魅力／才色兼備
逆位	互相依存／肉體關係／花花公子／出軌／腳踏多條船／情人／期望之外的懷孕／流產／甜膩的戀情	無法獲得利益或結果／工作成效不彰／公私混淆／心生怠惰／敷衍了事／薪水小偷	吊兒郎當的關係／只考慮自身利益的人／來往也毫無益處的人／習慣性遲到	想法天真／過度保護／自制力不足／因放任自己而發胖／婦女病／行為不檢

THE EMPEROR.

皇帝
* THE EMPEROR *

以野心與統率力
立於組織頂端之人

　　身披鎧甲，堂堂端坐於王座上的男性正是一國之君。只要有人群聚就會產生社會，也就需要統率社會的人物。而他正是在歷經諸多爭鬥後，實力與經驗都獲得承認的人。王座上的羊形雕刻象徵的是十二星座的第一棒——牡羊座，藉此展現野心、爭鬥心、領導能力的強勁。

　　順帶一提，人類建構而成的社會（男性特質）為〈皇帝〉，而呈現真實的自然（女性特質）則為〈女皇〉，可以先記住這樣的對比。

該如何思考？

正位	
獲得持續性的穩定	呈現藉由具建設性的努力，成功穩定社會群體的狀態。有效地統率其他人，發揮組織的作用，同時確實盡到自己應盡的責任。就結果來說，使得社會團體的團結力更強，也獲得人們的稱讚。
基本 KEYWORD **社會**	「社會」一詞聽起來很壯闊，但只要是人類聚集的場所，全都可稱之為社會。家庭、學校、企業、專案小組或部門、社團、朋友團體等，不論群體規模，在這當中的行為舉止全都會呈現在牌面上。
逆位	
藉由力量獲得一時的穩定	位於頂端的高層以力服人的一面格外顯眼。專斷獨行地推動事物、以不合理的方式對待他人。甚至可能為了進行不周全的計畫，而使整個群體暴露於危險當中。就結果來說，會造成與他人之間只有表面上的關係，信任感一點一點地瓦解。

該如何解釋？

帶入 **目前狀況**	正位	努力的成績確實開花結果的狀態／維持現狀的運氣／建構起某些事物的狀態／有高度責任感的時候／實力獲得評價
	逆位	後繼無力的狀況／不穩定且沒有目標的運氣／未來難以預測／嚴峻的現實阻擋在面前／迷失目標而徬徨／難以實現
帶入 **人的心情**	正位	擁有堅定的自信／以至今為止的資歷為傲／想善盡責任／充滿自信而無所畏懼／想立於頂端／想要獨立
	逆位	虛張聲勢／認為自己並沒有逞強／過於現實而沒有夢想／想靠力量制伏他人／不想把現在的地位讓給任何人
帶入 **問題的原因**	正位	過於光明正大而毫無妥協空間／難以撼動的魔王般的存在／已臻完成而沒有發展空間／有強烈責任感，過度背負一切／立於頂點的孤獨
	逆位	精神上不穩定／態度自私自利／沒有勇氣／專斷獨行而無人跟隨／因為沒有自信而做出蠻橫的行為／獨斷而不聽取他人意見
帶入 **未來發展**	正位	建構起難以撼動的地位／憑實力令人甘拜下風／反應良好／成為領袖／燃起野心／精神上能游刃有餘
	逆位	狀況難以徹底掌控／內心沒有餘裕／遭人指謫實力不足／被趕下原本的地位／引發爭奪地盤的紛爭／沒責任感而失敗
帶入 **建言**	正位	總是擺出光明磊落的態度／不推諉塞責而確實面對／將「沒問題」當作口頭禪／第一步要穩定現況／堅持下去就是力量／應該保護重要的人
	逆位	考慮自己之外，也要考慮周遭的事物／傾聽是很重要的／小心措辭直率過頭／關注組織整體／利用擁有的力量

如果要進一步應用？

	戀愛	工作	待人	其他
正位	具包容力的人／令人考慮結婚的認真對象／正確的婚姻／長時間交往／責任感／硬派	確實的領導能力／發揮本領／能幹／積極俐落地賺錢／同時獲得財富與地位	信任／無論為人或財務上都值得信任的人／不變的友誼／長年往來／經營者類型	強悍／有男子氣概／腳踏實地／父性／理所當然的勝利／一直存在的事物／男性化
逆位	自私自利／自我中心／對結婚感到猶豫／逃避責任的關係／無法下定決心而不穩定的人	覺悟不夠／實力不足／厭煩／沒有一致性／沒人願意追隨自己／過於斤斤計較	單向的關係／倔強固執／虛有其表的人／高壓的態度／強硬的壞朋友	即將崩毀／撐不住／三分鐘熱度／並非第一，而是第二或第三

教 皇

✦ THE HIEROPHANT ✦

教導規範與倫理道德，
精神上的榜樣

　　牌面上繪製著的，是手持代表三位一體（聖父、聖子與聖靈）的三重十字架，祝福著兩名神父的〈教皇〉。他是教導道德、闡揚生存之道的存在，集眾人的尊敬於一身。如果說在國家之中，〈皇帝〉肩負實務，〈教皇〉就是整合精神層面的人物了。

　　他作為人類生存方式的榜樣，同時也是向煩惱痛苦之人伸出救援之手的存在。是意味著永不動搖的信仰與精神上依歸的一張牌。

該如何思考？

正位
基於倫理道德， 締結信任與羈絆

展現出確實遵守社會規範，因此保持的和平狀態。培育尊重、原諒、信任他人的關係，並因此產生穩固的羈絆。此外也是展現精神上成長的塔羅牌，也可能暗示著會遇見如〈教皇〉般可成為榜樣的存在。

基本 KEYWORD
倫理道德

為了維持事物的秩序，總會需要某些規則。這正是「身為人理當如此」的倫理道德，也是傳統的成規。請用牌面的正逆位來解讀對待倫理道德的態度。

逆位
違反倫理道德， 利用信任與羈絆

展現出不遵守、甚至濫用社會規範的狀態。以偽善的行為掌握對方的弱點，染指照理說絕不能被原諒的事，沉溺於不道德的快樂之中。必須記住的一點是，背叛他人信任一事將會付出相應的代價。

該如何解釋？

帶入 **目前狀況**	正位	平安無事的運氣／維持秩序沒有紛爭的狀態／重視倫理道德或傳統的氛圍／追求救贖的時候／建立良好的信任關係
	逆位	被逼上情非得已的狀況／魔掌暗中逼近／開始對至今為止的自己產生「這樣真的好嗎」的疑問／喪失信用
帶入 **人的心情**	正位	尊重某人（某事）／重視倫理道德或規範／想獲得精神上的成長／對靈性的世界產生興趣／想尋找生存意義
	逆位	認為事情不應如此，並非本意／無法相信眼前的對象／邪惡的想法／依賴某事物／想要控制人心
帶入 **問題的原因**	正位	過度相信某事物而看不見周遭／受到常識束縛／具有絕不能破壞約定的強硬觀念／過度畏懼與人起糾紛／互相依存
	逆位	對對方抱持懷疑／受到不道德的事物吸引／偽善的言行舉止／無法接受與自己不同的價值觀／想法狹猾
帶入 **未來發展**	正位	取得對方的信任／肩負周遭期待的發展／遇見成為精神寄託的某種事物／出現師長般的存在／實績獲得認同
	逆位	對對方抱持不信任感／做出不能告訴他人的事情／偏離正軌，踏上失去理智的道路／被引誘到悖德的領域／中了美人計
帶入 **建言**	正位	無論發生任何事都要貫徹信念／比起物質，要優先於心靈上的滿足／遵守規則是很重要的／幫助他人／首先要獲得對方的信任
	逆位	試著懷疑至今為止深信不疑的事物／能利用的東西就要利用才是正確的／別聽信花言巧語／小心偽善的態度被看穿

如果要進一步應用？

	戀愛	工作	待人	其他
正位	能成為精神寄託的戀情／值得尊敬的人／以結婚為前提交往／受到祝福的婚姻／敬愛	建立在信任關係上的工作／好的交易／教職／與法律相關的證照／師傅／專業工匠	信賴關係堅強／精神上的羈絆／可以放心託付一切的人／宗教觀或道德觀一致	尊貴／領袖魅力／背負期待／強大的說服力／婚喪喜慶／傳統的／視為神聖的／宗教／道德
逆位	無法公諸於世的關係／隱藏的欲望／試圖以性感作為武器／維持著趁火打劫的關係	失去信用／顯而易見的詐欺／不擇手段地賤賣自己／無法遵守約定	無法信任／好感或善意遭人利用／感覺到不協調／與自己的價值觀不一致	失序／給予過度自由／來路不明／令人不愉快的言行舉止／違法／不道德

戀人
✦ THE LOVERS ✦

處於悸動、喜悅、
快樂之中

　　伊甸園中的男女受到天使的祝福。從毫無防備的赤身裸體這點，可以得知他們自認無所畏懼。男女在氣候宜人，結有諸多果實的樂園裡享受著極為幸福的時光，並受到彼此的存在吸引，肉體上深深結合。這是一張展現一切獲得滿足、極為幸福愜意的牌。

　　不過這裡是伊甸園，也千萬別忘了受到蛇的誘惑而偷嚐禁果，導致被趕出樂園的故事。

該如何思考？

正位
如同置身於夢境般 感覺幸福

展現出無可救藥地受到某種事物吸引，並流於那帶來的快樂、如同置身於夢境般的狀態。同時，由於也存在主動偷嚐禁果這樣的選項，因此這張牌也包含了選擇自己的行動（未來）的涵義在。

基本 KEYWORD
舒適愜意

這張牌所呈現的是快樂。那絕非能單獨品嚐到的情感，而是因為有別人存在才能產生。牌面的正逆位可分別解讀為其快樂所帶來的好與壞的面向。

逆位
耽溺於眼前的 快樂

呈現出耽溺於快樂之中、認為「只要現在好就好」的剎那幸福裡，並沒有為自己的選擇負責的意思。正因如此，才會採取一時興起、隨興的生活方式。也可說是因為不須負責而生起的樂趣。

該如何解釋？

帶入 **目前狀況**	正位	愉快的時期／舒適的環境／不會感到不安的時刻／調性契合／遊玩時能夠享受其中的時候／選擇某事物的時候／心靈相通的狀況
	逆位	浮動的運氣／目光受吸引而難以決定的時候／懸而未決／無論做什麼都無法獲得回報的徒勞時期／疏忽重要的事情
帶入 **人的心情**	正位	最喜歡／內心悸動／隱約有好的感覺／想要一直這樣下去／熱衷於某種事物／萌生愛的喜悅或快樂
	逆位	內心動搖無法抉擇／對快樂的自我感到嫌惡／對於一切失去幹勁／即使明知不行還是想伸出手的誘惑
帶入 **問題的原因**	正位	只看得到眼前／無法考慮有何萬一的可能性／不符現實而不可能實現的計畫／過於沒有防備而危險
	逆位	沒有意識到自己給人添了麻煩／意志薄弱而隨波逐流／做不出任何選擇／舉止丟臉／無可救藥地受到吸引
帶入 **未來發展**	正位	令人忘記時間的愉快時光／令五感都獲得滿足的事／以純粹的心情嬉鬧／愛上某個人／擔憂減緩／讚頌人生的時期
	逆位	不負責任地只顧享樂／對某個人變心／專注力下降而連續出錯／牢騷滿腹的情緒增加／誘惑某人或受到誘惑
帶入 **建言**	正位	享受眼前發生的事／別在意他人的目光／乾脆地轉換心情／描繪自身理想／在做某些選擇時相信自己的內心
	逆位	採取行動要拿捏分寸／不要只想著自己而無視周遭／一旦決定後就要貫徹到底／要注意別一時心生歹念／控制欲望

如果要進一步應用？

	戀愛	工作	待人	其他
正位	墜入愛河／充滿魅力的人／如作夢般的戀情／快樂的戀情／被美貌或年輕吸引	愉快且能專注的工作／連帶感／交涉成立／夥伴／共同開發／客戶	相談甚歡／信任／氣氛愉快且熱烈／想再次見面的人／無法怨恨／玩伴	輕便／友善／雙贏／玩心／舒適／能滿足嗜好的物品
逆位	三角關係／見異思遷／只是玩玩的戀愛／水性楊花／犯錯／多情／好女色／沒有愛情的交往	無法專注／聯絡出錯／暫時的工作／在工作上感覺到不對勁／空降／粗率的作業	合不來／放鴿子／背叛／徒增麻煩的好意／雖然愉快卻總是覺得哪裡不對勁	羞恥／逞強／壞習慣／敷衍、含糊／沒有獲益的行為

戰 車

* THE CHARIOT *

朝著目標勇往直前 的強悍

　　戰士搭乘著〈戰車〉，定睛看著理應前進的道路。黑與白兩頭斯芬克斯展現出不同的衝動，如果一個不注意，牠們或許就會衝往不同的方向。

　　要以韁繩控制這樣的〈戰車〉，需要有相當的意志與力量，這張牌所呈現的就是這樣的強悍。沒有時間讓你拖拖拉拉或膽怯不前，必須毫不猶豫地迅速採取行動，並一個勁兒地前進。

該如何思考？

正位
果敢地挑戰事物

展現出充滿氣勢的狀態。幹勁十足，能毫不猶豫地衝向未知的事物。呈現無論如何都充滿攻擊性能量，結果就是能如願贏取目標，通過困難的障礙向前邁進。

基本 KEYWORD

能 量

朝著目標勇往直前，無論前方有任何阻礙都不會落敗。不過如果是逆位，則呈現出有情緒失控而衝往錯誤方向的危險。

逆位
無法自我控制

暗示著力量開始失控。〈戰車〉失去控制或衝往完全不同的方向，在準備不充分的情況下出征，結果可能就是導致半途中遭遇麻煩或障礙。這是在暗示能否暫時停下，重新思考。

該如何解釋？

帶入 **目前狀況**	正位	乘勢而行的運氣／幹勁十足／應該立刻採取行動的時候／朝向新目標／擁有跨越障礙的力量／與自己戰鬥的時候
	逆位	狀況失去控制／不考慮後果就倉促行事／應該選擇前進方向的狀況／朝著錯誤的方向前進／因為恐懼而無法出發
帶入 **人的心情**	正位	基於信念採取行動／不想拖拖拉拉／想傳達自己的想法／想挑戰全新的事物／想要成功／絕對不可能落敗
	逆位	想法不合邏輯／擔心自己起步過晚／不想認輸的過剩爭鬥心／一想到未來就開始憂鬱／對前進方向感到迷惘
帶入 **問題的原因**	正位	進展過於急促／好戰態度導致發生不必要的麻煩／面臨重大改革的狀況／無法發揮領導能力
	逆位	延後重要的選擇／在沒有確實計畫的情況下展開／不顧周遭的任性態度／受到打擊而驚慌失措
帶入 **未來發展**	正位	發展迅速／一帆風順地成功／被交付開拓新領域的工作／乘勢提升名氣／漂亮地獲勝／以經驗磨練
	逆位	意見不合而引發激烈衝突／糾葛／被迫面臨痛苦的立場／涉入危險的賭注／不得不中斷某些事物／敗戰／進退維谷
帶入 **建言**	正位	多拿出點勇氣／你應該成為領導者／重點在於一旦著手就要一口氣前進／只要迎戰就有十足勝算／克服自身的軟弱
	逆位	這樣下去可能會失敗，應該重新審視計畫／不要勉強前進，應該一度停下，變更路線／控制自己的情緒／環顧周遭判斷狀況

如果要進一步應用？

	戀愛	工作	待人	其他
正位	一口氣前進／積極拉近距離／提出想法／克服障礙／生氣勃勃的人	面對任務／簡報或企劃通過／贏得地位／贏過競爭對手	步調很合／活力十足的人／具建設性的關係／積極的關係／有行動性	忙碌／精神飽滿／迅速前進／獲勝／意志堅強／勇氣／力量強勁／旅行／移動／奔跑
逆位	互相傷害的關係／吵個不停／性急的人／輸給情敵／想法失控	企劃落空／落敗／企劃被搶／失誤／站在分岔路口／半途而廢	意見不合／衝突／關係沒有發展性／什麼也沒有解決／得意忘形／惡作劇	疲勞感越發加重／無法下決定／沒有前進／棘手的麻煩／落敗／止步不前／延遲

力量
＊ STRENGTH ＊

靠愛與耐心打動對方內心的力量

說到〈力量〉，總會令人聯想到充滿力氣的男人，但這張牌所描繪的，卻是一名纖細的女子伸手撫摸凶猛獅子下頷的模樣。換言之，這張牌所意謂的〈力量〉並不是臂力或權力。繪製在女性頭上的 ∞（Infinity）符號呈現出無限的愛，是「只要靠愛與對方心靈相通，就能打動對方」的牌。或許也能說是「馴服」，不過只要擁有這份力量，就能讓任何人成為夥伴。

該如何思考？

正位
跨越困難

代表的是只要抱持誠意接近，就能與對方培養信任關係。因此也必須傾吐充滿愛意的話語，向對方強調自己並不是敵人，身上所穿的長袍也代表著手無寸鐵。藉由歷經如此辛勞，就能克服充滿緊張感的狀況。

基本 KEYWORD
本質上的力量

這張牌所呈現的並非單方面強加的力量，而是心靈相通、互相幫助的力量。也意味著「為此所需的不屈不撓精神，或絕妙的力度拿捏」。請用牌面的正逆位判斷能否達成這點。

逆位
難以忍耐而撒手不管

呈現出無法堅持到最後而逃離對方的情況。也有因為這種出乎意料的行為而受到矚目的意思。如果被察覺到過於諂媚或試圖利用對方，或許會有惹獅子不悅而被咬的危險。

該如何解釋？

帶入 **目前狀況**	正位	關鍵時刻／不得不面對如猛獸般的人物（狀況）的時候／需要謹慎且周全地採取行動的狀況／能化危機為轉機的時候
	逆位	運勢衰退／不得不對某些事物死心斷念的情況／精神力的強韌度遭到質疑／試圖拋下一切／瀕臨崩潰邊緣
帶入 **人的心情**	正位	不想讓事情就這樣結束／想撐到最後／相信能夠籠絡對方的自信／想與對方和解／想設法開創新路並獲得成果
	逆位	失去熱情而覺得怎樣都好／不想承認辦不到的事實／在心情上認輸／試圖諂媚以籠絡某人／貿然應對
帶入 **問題的原因**	正位	主動肩負辛勞／挑戰過高的門檻／累積壓力／對手出乎意料地棘手／在力度拿捏上出錯
	逆位	敗給自己的軟弱／認為「受夠了」而放棄／精神與肉體的力量不足／堅持努力無法奏效／試圖利用對方卻被看穿
帶入 **未來發展**	正位	克服充滿緊張感的狀況／化敵為友／獲得同伴的協助／找到強力的後盾／克服缺點或弱點
	逆位	在最後一步認輸／降低堅持標準／一鬆懈就出錯／過分熱絡的態度造成反效果／朝夢想邁進的熱情減退
帶入 **建言**	正位	已經努力到這一步，不要放棄／危機就是轉機／確實擬定作戰計畫／聚集協助者是好方式／只要加把勁努力到底，勝利就在眼前
	逆位	如果情緒已經冷卻就放棄／揮去膽怯／不要逞強，向人求助／不要忘記溫柔的話語或體貼

如果要進一步應用？

	戀愛	工作	待人	其他
正位	締結穩固的羈絆／累積時間成就的戀情／體貼與忍耐的關係／有堅強意志的人	一定會完成／達成很高的目標／長期案件／好的夥伴或贊助商	互相協助的關係／信任關係／可靠的人／可敬的對手／成熟的應對／撫慰	積極正向／努力／合作／不屈不撓的精神／步調一致／將逆境化為助力／拿捏力度
逆位	棘手的戀情／想要放棄的愛情／在意受到討厭／需要察言觀色的對象	毅力不足無法持續工作／無法專心／沒有協調性／課題／空有野心	自命清高／自我中心／無法合作／盯上蠅頭小利／討人歡心／任性	消極／逃避／七零八落／屈服於力量／落敗／需要忍耐

隱士
* THE HERMIT *

平靜地踏上
探求自己內心的旅程

　　老人身披灰色長袍，獨自佇立。從以側面視人的構圖，可以明白他散發出一種試圖避人耳目的氛圍，應該是想遠離塵世，獨自面對內心世界。比如說回顧自己過去的成功與失敗，以從中獲得的知識或經驗為基礎，反思世間的真理。

　　這張牌手中的提燈裡裝有引導向真理的六芒星光芒，呈現出重要的並非外觀或表象，而是人類的本質。

該如何思考？

正位 追求理想	表現出能夠在平靜的狀態下仔細地靜下心來，重新審視自己內心的模樣。有時那副姿態會被認為是「通曉一切智慧之人」、「開悟之人」，而集眾人的尊敬於一身，並因此擔任嚮導的職務。
基本 KEYWORD **探究**	只要正確地前進，就能從審視自己內心的行為獲得許多提示，但也會成為過度拘泥自己想法的原因。這樣的態度會呈現在牌面的正逆位上。
逆位 不正視現實	呈現出緊抓著自己過去的榮耀不放，無法接受眼前狀況、逃避現實的情況。過於拘泥、將追求的事物過於理想化，導致認為「沒有人了解我」而封閉自己的心房。結果會逼得自己愈來愈孤獨……

該如何解釋？

帶入 **目前狀況**	正位	維持現狀的運氣／起伏不大的平穩狀況／無論好壞都沒有變化／學習的時候／想減少與人交流而獨處的時候
	逆位	面對過去的自己的時候／沉溺於「那個時候比較好」的想法中／事情停滯，虎頭蛇尾／與世隔絕的狀況
帶入 **人的心情**	正位	明確地區分別人是別人，自己是自己／想要學習些什麼／想要獨處的時間／想審視自己的內心／即使說了也不被理解的想法
	逆位	在意面子／住在回憶裡／不打算承認真正的心情／心生難以言喻的寂寞或孤獨感
帶入 **問題的原因**	正位	過度拘泥／空有知識或經驗卻無法充分活用／興趣過於偏激／想太多而鑽牛角尖／討厭社交的氛圍
	逆位	想法錯誤／總是現學現賣／沉浸在自己的世界裡／將自己喜歡的事物（人）過於理想化／逃避現實
帶入 **未來發展**	正位	平穩的日子就這麼持續下去／看不到事態進展，維持現狀／混亂的狀態平息下來／出現商量的對象／邁向追尋自我的旅程
	逆位	錯失踏出外界的時機／無法正視現實／態度封閉／與過去有緣的人重新建立關係／再次挑戰曾經失敗的事物
帶入 **建言**	正位	不要焦急，應該花時間面對／不要獨自承擔，找人商量／需要再好好思考／在過去的類似狀況中藏有提示
	逆位	不要再找藉口說「都是因為那時候這麼做」／放棄也是必要的／應該察覺即使畏縮也沒人會來幫忙／靠自己的力量爬上來

如果要進一步應用？

	戀愛	工作	待人	其他
正位	長年隱藏在心裡的單戀／年長的對象／莫名穩重的人／帶來精神上成長的關係	精神上很充實／率領部下／資深人員／經驗／長年持續／專業職務／研究職務	不變的關係／商量對象／綿長的交往／舊識／學識淵博／宅夥伴	擁有信念／貫徹想做的事到底／雖是好事卻不被大眾接受／專業知識
逆位	愛上戀愛的感覺／脫離現實的妄想戀情／尋求舊情人／重新認識戀愛的美好	無視正經的意見／不適應社會／無業／因為自尊心而瞧不起人	難以取悅的對象／必須小心的關係／性格內向／即使見面也不愉快	不需要任何人／沒有信念／過剩的堅持／過度在意他人目光

命運之輪

* WHEEL of FORTUNE *

無法擺脫
命運的捉弄

WHEEL of FORTUNE.

　　緩緩轉動的巨大車輪代表命運。車輪周遭分別有著握有斬斷時間之劍的斯芬克斯、司掌生死的阿努比斯以及蛇；四個角落也繪製有對應地、火、水、風四種元素的聖獸。

　　所有生命都身處於無法逃脫的洪流之中。在這過程中可能會上浮，也會有下沉的時候。如果抽出這張牌，就暗示著會因為無可奈何的命運，導致意料之外的事情發生。

該如何思考？

正位	呈現身處幸運的態勢中。意料之外的機會造訪，事情將會一帆風順地進行。這張牌所呈現的幸運是不會慢慢地等人的，必須迅速察覺那氣息，採取行動加以掌握。也暗示著一見鍾情或閃電結婚這種命運般的事情。
事態因為命運的洪流而好轉	

基本 KEYWORD

命中註定

　　時間川流不息，人類不可能從中掙脫而獲得自由的，正可謂是無可避免的命運。請用牌面的正逆位，來解讀在前方等著你的是機會還是混亂。

逆位	如同〈命運之輪〉逆時針旋轉，呈現出不順遂的狀況。空兜著圈子卻以徒勞無功告終，或是浪費了難得的機會；或許也會遭到「怎麼會！」的發展玩弄而筋疲力竭。請冷靜地理解「這就是這種時期」，以避免傷勢繼續惡化。
被命運玩弄於股掌之間	

該如何解釋？

帶入 **目前狀況**	正位	越發一帆風順的運氣／運氣好轉／偶然重疊的幸運／令人高興的情況／停滯不前的事情突然開始推進／命運的岔路
	逆位	一切徒勞無功的狀態／同樣的事情一再發生，毫無進展／運氣就在驚慌的期間下沉／遭到出乎意料的變化玩弄／毫無前兆的厄運
帶入 **人的心情**	正位	直覺地找出正確答案／確信這是命運／無論發生任何事都能臨機應變／享受無法預測的事態
	逆位	「明明應該沒出錯，為什麼會這樣」而感到氣餒／無法得出答案／因為眼前的狀況而不知所措／感覺到情勢險惡／矛盾的情感
帶入 **問題的原因**	正位	過於期待幸運／抵抗自然流勢／只是順其自然而懈怠了努力／過於死心眼
	逆位	沒有發現適得其反／畏懼變化而緊抓著現狀不放／試圖靠自己來掌控一切
帶入 **未來發展**	正位	好運到來／莫名地走運／所做的事情一切順利進行／時機很巧地見到想見的人物／得出正確答案
	逆位	眨眼間就面臨不利的形勢／受到連累／遇上無法逃脫的災難／因為失言而把自己逼上絕境／打賭輸了
帶入 **建言**	正位	直覺地在腦中閃現的答案就是正確答案／與其主動採取行動，不如順應局勢／不要躊躇，把握機會／相信一切都會連接起來
	逆位	不要自告奮勇，而是採取聰明的策略／捨棄意氣用事或自尊心／與其孤軍奮戰，不如借助運勢或周遭的力量

如果要進一步應用？

	戀愛	工作	待人	其他
正位	感受到命運的邂逅／一見鍾情／情投意合的對象／結婚／順勢的戀愛關係	掌握住一切機會／流勢很好／第六感很準／受到提拔／狀態絕佳	感覺很好的人／聊得來／不覺得是初次見面／靈魂伴侶／自然而然地合得來	命運般的發展／有趣／感興趣／靈光一閃／適時／印象深刻的事
逆位	短暫的戀情／接二連三的不湊巧／與對方價值觀不合／錯過的戀情／驚心動魄的愛情	被迫處理不擅長的事／無法順利完成／即使努力也辦不到／徒勞無功	不協調感／對話很無趣／聯絡時機很糟／自然而然地疏遠／不合時宜的人物	無趣／時機不對／遺忘在記憶中／錯過好機會／落伍

正 義
✤ JUSTICE ✤

澈底公正，態度中立地
判斷事物

　　英氣凜然的中性女子端坐在中央，身為法官，她用左手的天秤來衡量罪行輕重，並以右手的劍加以制裁。

　　這張牌暗示著不受情感操弄，客觀地看清原因與結果並能公正判斷的冷靜。如果抽中這張牌的人曾經做過虧心事，將會被那把劍毫不留情地定罪吧；相反地，如果是受到誰不合理的對待，那麼這就會成為匡正不平衡狀況的救贖之劍。

該如何思考？

正位
不夾雜情感地 冷靜應對

暗示著事物處於公平狀態，事實能合理地獲得正當評價的狀況。自古以來總是認為男性特質代表理性、女性特質代表感性，不過會將法官繪製為中性的女子，也可說是「試圖盡可能排除情感，客觀地下判斷」的表現。

基本 KEYWORD
平 衡

女子身後的兩根柱子與椅子全是石造，代表著她擁有毫無偏頗的公正精神。請將牌面的正位視為內心維持平衡狀態，逆位視為內心紊亂的狀態。

逆位
受到情感左右 而採取不合理的應對

呈現出判斷時帶入了某些情感或個人考量的情況，或許是在人情義理中無法澈底撇清的特殊情況。也可以解釋成自己是身為受到不合理對待的一方，或是正在做出違反道德倫常的行為。

該如何解釋？

帶入 **目前狀況**	正位	只靠運氣無法推進／不夾帶情感只考慮事實的情況／過去的自己造成的結果／無法支持任何一方的立場／不正當的事物受到制裁
	逆位	無法靠常識克服的情況／過去的不正當行徑遭到譴責／受到不公平的對待／付出與報酬失衡／認同必要之惡
帶入 **人的心情**	正位	比起情感，更想以事實為優先／沒有任何人支持／微小的謊言也不會放過／不打算做出虧心事／對於條理不分明的事感到不滿
	逆位	對某人產生「這是不對的」的憤怒情緒／為了自保而拚命辯解／認為只要哭求就能獲得原諒／感到內疚
帶入 **問題的原因**	正位	判斷時只以正確與否作為基準／毫不體貼，無法體察對方內心的想法／過於嚴格而沒有幽默感，令周遭為之生畏
	逆位	打著如意算盤／只是滿腹牢騷而不採取行動／傾心於扭曲的思想／獨斷的行動令周遭不願跟隨／罪惡感
帶入 **未來發展**	正位	面對現實／貫徹自認為是正確的事／狀況逐漸變得有利／受到過去行為的恩惠／努力獲得回報
	逆位	面臨感覺不合理的事態／權利受到侵害／單方面地受到壓榨／關係失衡／因為過去不公不義的行為而付出代價
帶入 **建言**	正位	不以情感判斷，只著眼於事實關係／需要將問題好好整理一番／建設性地思考接下來該怎麼做才好／切勿做出違反倫理道德的行為
	逆位	放棄只圖自己方便的思考方式／察覺到自己正被逼到不利的處境／別再逆來順受／取回平衡

如果要進一步應用？

	戀愛	工作	待人	其他
正位	對等的情人關係／合適的對象／條件相稱／不喜歡也不討厭的對象	正當的報酬或評價／得到相稱的結果／事業生活兩得意／肩負責任	互惠互利的關係／不夾帶私情／公事公辦／中立的人／平等	平手／比較／冷靜的措辭／倫理道德／採取法律措施／審判／理論性的思考
逆位	打如意算盤的交往／騎驢找馬／評估對方的價值	報酬與待遇不合理／不公平的職場／藉口只做喜歡的工作／覬覦別人的功勞	以利益為優先的關係／利用人的人／偏頗的思考／半吊子且夾帶私情	失衡而引發的變化／偏袒／自命清高的正義感／虛偽／造假

吊人

* THE HANGED MAN *

正因為手腳無法動彈，
而使得思考更加通透

男性的雙手被反綁，單腳吊掛地固定在 T 字型樹木上。但與他痛苦的姿勢相反，他的表情非常平靜，頭部後方還散發光芒。或許正因為處於動彈不得的靜止狀態，思考才能更加鮮明且清晰。

平時總是陷於慌亂，而在這種狀態下才更能清楚地了解內心的真正想法。這可說是顯示擁有自省時間之重要性的一張牌。

該如何思考？

正位 面對現況 冷靜思考	表現出承認現實上的不如意，平靜地好好思考關於自己的事情。在思考期間，情感就會冷靜下來，不安與畏懼減退，並且能冷靜地掌握現況。只要當作是等待蟲蛹羽化重生的時期，就能得出新的詮釋。
基本 KEYWORD # **靜 止**	身體動彈不得時，照理來說一定會感到著急。首先必須認清這個現實，這就是一切的開始。牌面如果是正位，可解讀成面對現狀；而逆位則代表試圖掙扎。
逆位 無法接受現況 而掙扎	呈現出自己處於動彈不得的痛苦狀態，而無法接受現實。愈是焦急、抵抗，繩子就會掐得愈緊，令你感到痛苦吧。首先最重要的是正視真實情況，在經歷考驗之後，看待事物的眼光應該也會隨之改變。

該如何解釋？

帶入 **目前狀況**	正位	憑一己之見無可奈何的情況／在某人的管理之下動彈不得／獨自度過的時候／強制停止／親眼目睹自己的無力
	逆位	試圖逃離痛苦卻因為掙扎而受苦／即使拚命抵抗也無計可施的狀況／被迫重來某些事／被當成殺雞儆猴的對象
帶入 **人的心情**	正位	要有覺悟／忍耐／忍受痛苦／感覺著急／明白自己的極限／認清只能待在此處而放棄
	逆位	無法做好覺悟／如果逃得掉很想逃跑／無法承認自己的極限／想拋下一切的心情／為了他人而犧牲自己
帶入 **問題的原因**	正位	精神上、肉體上的極限／過於疲倦而無法冷靜思考／處於被動的態度／抗拒現實而停止思考／沒有後援的環境
	逆位	死命掙扎／過於拚命而不顧一切／只考慮自己／無法下定決心的半吊子態度／受到壓力的環境
帶入 **未來發展**	正位	被迫忍耐的發展／面對自己／轉而擔任志工等負責支援他人的工作／在歷經思考重大煩惱之後，產生全新的自己／克服
	逆位	痛苦增加／無法承受而爆發情緒／出於恐懼而抵抗／因為焦急或不安而採取錯誤的行動／失去重要的事物／令人著急的發展
帶入 **建言**	正位	接受一切，等待時間過去／藉由冷靜思考就能看見光明／只要隔絕局外人的聲音，就能發現新的靈感
	逆位	在承認自己的無力的瞬間，應該就會感到輕鬆／與其掙扎，不如什麼都不做，反而能得到好結果／意識到自己思考上的壞習慣

如果要進一步應用？

	戀愛	工作	待人	其他
正位	沒有進展／需要時間／奉獻型的戀情／讓對方獨處比較好	超出負荷／消耗身心能量／不求回報／迎向考驗／一個勁兒地奉獻	變得孤獨／想要獨處／整理自己的想法／忍耐／拿他沒有辦法的對象	犧牲的精神／狀況不佳／具積極進取的精神／嚴以律己／接受並反省／停止
逆位	痛苦而難受的戀情／看不見終點的單戀／自我中心的戀慕心／執著於某個人	在意回報／總是想著逃離現實／拘泥於自己的權利	造成困擾的人／萎縮／引發騷動／態度故作成熟地假裝平靜／死命掙扎	自虐／著急／無法逃離的痛苦／無法接受一切／難以忍受孤單一人

死神
● DEATH ●

為人生帶來終結
與起始的冥界使者

　　騎乘白馬的死神靜靜地在戰場上前進。這或許是看似駭人的景象，但死亡是所有生物的命運，絕對不是應該忌諱的事物。

　　同時，也請注意太陽正在遠方緩緩升起。如同夜晚過去，白天到來一般，在跨越死亡之後，等待著你的就是新生，也就是起始。換言之與其說〈死神〉的牌面是呈現肉體上的死亡，不如說是精神、人際關係、環境等等的煥然一新，而前方必定有全新的未來在等著你。

該如何思考？

正位	試圖接受〈死神〉所帶來的變化。當然在那瞬間想必會受到打擊，品嘗到內心撕裂般的感覺、悲傷或寂寞，不過自己也將在那一刻起重獲新生。一旦抽出這張牌，代表你可說已經下定了決心。
前往新的階段	

基本 KEYWORD	〈死神〉所展現的形象可說是為了邁向下個階段的一個「段落」。只要能夠接受這點，就能前往下一個階段；但如果拘泥於現況，就會一步也無法動彈而延長痛苦。
定數	

逆位	仍然戀棧著現狀的想法占了上風。但這麼一來狀況就會停滯，難受的狀態或許久拖。〈死神〉所宣告的「終結與起始」已經是既定事項，無法輕易改變，還是乾脆、果斷地邁向下一個階段比較好。
受到過去束縛而無法前進	

該如何解釋？

帶入		
目前狀況	正位	某種事物面臨終結的運氣／歷經與重要的人別離／前往下個階段／改變人生的時機／持續變化
	逆位	停滯不前，運氣忽好忽壞／跟不上逐漸改變的情勢／試圖拖延結束的時間／無法整理好情緒／無法接受的結局
帶入 人的心情	正位	下定決心／內心已有定見／放下原本執著的事物／苦澀的選擇／斷念／心情舒暢／心情上已經邁向未來／冷靜果斷
	逆位	不肯輕易死心／依戀不捨而無法放棄／有些事情無法下定決心／企圖起死回生／半途而廢的狀態／依然很鮮明的內心創傷／多愁善感
帶入 問題的原因	正位	思考方式極端，非黑即白而沒有中間地帶／過於突然而無法做好心理準備／由於是理所當然的結果，沒有明確的原因／一切都是天命所定
	逆位	過大的驚嚇／無法好好正視現狀／下定決心的勇氣不足／記憶一再復甦／無法前進
帶入 未來發展	正位	重獲新生／關係或狀況被強制重來／世代交替或新舊更迭／因為突然的變化令生活大為轉變／不可抗力的事件
	逆位	操勞延長／無法改變做法／長時間賴著不走，令人感到厭煩／不得不放棄的情況／遲遲無法斷絕／無法認清現況
帶入 建言	正位	果斷地重來／停損的勇氣也很重要／以脫胎換骨的心情重新開始比較好／相信某種新的事物將要開始
	逆位	察覺到猶疑不決也無法改變任何事／依戀不捨只會讓自己痛苦／美麗的退場方式也很重要／褪下舊殼成為全新的自己

如果要進一步應用？

	戀愛	工作	待人	其他
正位	冷靜果斷的對象／斷絕／關係切割清楚／邁向下一段戀情／解除關係／不張揚的關係	新環境／調職／跳槽／異動／失業／下決定／站在岔路口／改變方針	出乎意料的離別／性格直爽／合理到近乎冷漠／邁向新的關係	搬家／畢業／結束／邁向新的開始／重生／新舊更迭／切換／轉機
逆位	難以放棄／不想斷絕緣分／破鏡重圓／再婚／明明喜歡卻無法說出口的半吊子狀態	二度就業／再僱用／回鍋／裁員／緊抓著之前的職務或工作	拖拖拉拉地持續下去／不想斷絕關係／關係沒有進展／持續的孽緣／想不開	再次挑戰／令人印象不好的結束方式／留級／重複同樣的事／半吊子／一再失敗

14

節 制
* TEMPERANCE *

混合不同的事物，
產生有意義的某些存在

〈節制〉這張牌的語源取自意指「混合」、「結合」的拉丁語。天使靈巧地操控著兩個杯子裡的水的模樣，就像是在暗示著溝通。

只要混合不同物質就會產生化學反應，產生某些新的事物，此外也能加以調整混合的狀態。這張牌正是在強調人際關係的重要性。只要與截然不同的人類接觸，就會體驗到各式各樣的情感，並意識到新的事物。

該如何思考？

正位	
接受全新事物	表現出積極接受來自他人影響的態度。敞開心胸，對不同的意見或價值觀也表示理解，並臨機應變地接收。同時也加以討論，不忘表達自身意見，以這樣的方式找出最適當的斟酌處理方式。

基本 KEYWORD

反 應

請用牌面的正逆位來解讀在兩者之間會如何反應、取得平衡。從天使的腳分別踏在水裡（潛意識）與地面上（表意識）來看，有時也可解釋成會如何與自己內心的矛盾和解。

逆位	
無法接受 性質相異的事物	展現拒絕他人的態度，不接受意見或想法。這或許能讓自己本身維持純粹的狀態，但可能會導致錯身而過、爭執等不協調的事態。必須記住的是，人類是不可能完全不受他人影響而活著的。

該如何解釋？

帶入 **目前狀況**	正位	應該調整事物／從與他人的交流中察覺些什麼的時候／產生好的化學變化／整合與重組／有新的發現／剛剛好
	逆位	不協調的運氣／對於與人見面一事表示抗拒／各方面經常錯身而過的時期／置身於格格不入的環境／衝突很多的時候
帶入 **人的心情**	正位	敞開心胸，非常坦率／希望對方也能敞開心房／想要互相理解／想參考許多人的意見
	逆位	看似接納別人的意見，其實沒有在聽／鑽牛角尖而搞得複雜／試圖強行貫徹自己的做法／沒有彈性
帶入 **問題的原因**	正位	凡事都太過在乎別人的意見／對於許多事過度感興趣卻都無疾而終／因為老實而苦於應對周遭
	逆位	在各方面都沒有連結／溝通不足／自認為就算不說出口應該也能明白／對於對方的理解淺薄／不契合／原本就合不來
帶入 **未來發展**	正位	將複數事物整合為一的時候／為生活帶來新氣象／與能給予自己文化衝擊的對象相遇／調整一些過度的事物
	逆位	消化不良的狀態／走來走去／無法把握住機會／期待落空的發展／對於他人的拒絕反應過強／生活紊亂／搞壞身體
帶入 **建言**	正位	以「剛剛好的狀態」為目標／首先要與自己內心的不同情感和解／找出因應狀況的做法／思考折衷方案
	逆位	不要對任何事物（人）持否定態度，抱持興趣／一再對話以理解對方／不要縮在自己的象牙塔裡

如果要進一步應用？

	戀愛	工作	待人	其他
正位	戀情進展順利／關心對方／身心都合得來／能夠理解的情人／被智慧吸引	好的環境／與工作夥伴積極往來／討論／學以致用	拓展交友關係／交談／與身處不同環境或價值觀的人交流／誠實的往來	安排得當／有效果的治療／取得藥物或食物／交通順暢
逆位	戀情遲遲沒有進展／將對方耍著玩／總是以自己為優先的關係／單行道	欠缺協調性／無法臨機應變／孤立／無法分配工作而全部自己扛起／一意孤行	不敞開心胸／不配合對方／單方面的對話／失和／不聽人說話	無法活用／經常徒勞無功／無效／藥物或食物適應不良／交通阻塞或誤點

惡魔
＊ THE DEVIL ＊

盤據內心的惡魔將引誘你墜入永無止境的欲望

THE DEVIL.

一對赤身裸體的男女被〈惡魔〉擄獲，據說這是〈戀人〉中的亞當與夏娃在輸給誘惑，品嘗了智慧之果後的模樣。不過那鎖鏈綁得很鬆，兩人的表情也十分平靜，看似只要想逃就能逃脫。這象徵著被擄獲的並非身體，而是耽溺並墮落於享樂中的心靈。

這張牌所顯示的是盤據在自己內心的〈惡魔〉。一旦失去自制力，就會隨波逐流，甚至連擺脫的力氣都被奪走。

該如何思考？

正位 敗給心裡的惡魔	內心在歷經糾葛後，由〈惡魔〉得勝。暗示著無法抗拒各種誘惑而被吞噬的情況。惡魔頭上的倒五芒星意味著「欲望剝奪了理性」。一旦理智失去作用，欲望就會永無止境，一再地尋求「更多更多」，而產生更強的執著心。
基本 KEYWORD **咒 縛**	明知道不當為而為之。沉溺於對酒精、菸癮或沈溺的行為、虛浮的人際關係。請用牌面的正逆位判斷究竟是能夠加以克服，還是認為「這也是沒辦法的事」而敗給自己。
逆位 與心裡的惡魔 交戰	擺出與盤據在心裡的〈惡魔〉交戰的態度，試圖控制自身的欲望。斬斷原本以為無法掙脫的愉悅關聯，以正確的規矩改善整體生活。但那並不是輕而易舉的事，很快地又成為欲望俘虜的情況很常見，因此需要注意。

該如何解釋？

帶入 **目前狀況**	正位	安於現況／受到束縛而沒有進步／面臨誘惑／很可能會因為稍微鬆懈而失去一切／順從欲望／失序的環境
	逆位	認為這樣下去不行，試圖擺脫現況／回到正軌上的機會／斬斷長年咒縛的時候／為了曾經的鬼迷心竅作補償
帶入 **人的心情**	正位	明知不好卻無法停止／占有欲受到刺激／認為沒有辦法而找藉口／撒嬌或依賴心強／脾氣暴躁／並非全然是負面的
	逆位	沒有正在做壞事的自覺／下定決心試圖擺脫現狀／試圖壓抑自己／試圖面對自卑感
帶入 **問題的原因**	正位	理智起不了作用／無法壓抑「還想要更多」的欲望／憧憬禁忌／意志薄弱，無法抵抗誘惑／追求刺激的心理
	逆位	並沒有認真打算改變現況／一不留神就鬼迷心竅／一次錯誤／「一點點就好」的姑息／自我控制不起作用
帶入 **未來發展**	正位	受到引誘／無可救藥地被某事物吸引／下意識地依賴／鬼迷心竅般的事件／一瞬間的迷惘導致失去一切／拖延
	逆位	逃離誘惑／改掉壞毛病或習慣／斷絕關係的事件／改正自己的缺點／讓自己蛻變重生
帶入 **建言**	正位	戰勝誘惑／當心甜言蜜語／不要接近可能會養成壞習慣的事物／要注意會引你墮落的人或有著邪惡念頭的人
	逆位	相信自己的內心／保持物理上的距離／切勿說人壞話或欺凌／避免可能會觸法或違背倫常的行為／完全不找藉口

如果要進一步應用？

	戀愛	工作	待人	其他
正位	嫉妒／依賴戀愛／出軌／危險的戀情／孽緣／受到拘束／只在乎肉體的戀情／家暴	無法辭去工作／執著於立場／違法／貪汙／在工作上欺騙自己／互相欺騙	被掌握弱點／與討厭的人見面／壞朋友／糾纏不休的人／低級的對話／吊兒郎當的人	沒有常識／失序／浪費／醜陋／骯髒／恐懼／犯規／好色／陋習／違反倫理道德的事
逆位	試圖改善關係／逃離戀愛的束縛／試圖斬斷孽緣	終於可以退休／察覺不合理的對待／期望改善／端正內心／解放	斬斷惡緣／試圖表達自己的意見／避開對方／以健康的人際關係為目標	試圖守護常識或秩序／擺脫依賴／剩餘的良心／試圖戰勝恐懼

高塔
⁕ THE TOWER ⁕

瞬間改變現況的天雷
所帶來的崩壞

　　〈高塔〉因驚人的雷電而崩塌，掉落的王冠象徵的是喪失構築起來的權力。應該有許多人會聯想到舊約聖經中的「巴別塔」吧。由於這張牌意味著「衝擊性的變化」、「預期外的意外」，或許也有人對其抱持著恐懼的印象。

　　不過人生原本就充滿變化，當下或許會因為震驚而茫然自失，但如果沒有破壞就不會有新生，請視為讓僵化的固有觀念或常識煥然一新的寶貴機會。

該如何思考？

正位 突然降臨的衝擊	雷電以驚人之勢貫穿〈高塔〉，這是宛如晴天霹靂的衝擊。發生完全意想不到的事件令人混亂，不過累積至今的挫折或許也能趁此機會釋放。衝擊雖大卻會在一瞬間結束，在這之後大多會令人感覺到暢快。
基本 KEYWORD # 破壞	〈高塔〉意味著破壞建構至今的事物及改革現狀。請用牌面的正逆位來解讀「呈現衝突方式的差異」。此外，衝擊也可能不是以破壞，而是以靈光閃現的形式造訪。
逆位 之後慢慢抵達 的衝擊	一開始的衝擊沒有那麼驚人，但接下來會一點一點地，就像東西腐朽般開始崩毀。由於緊張感與動搖延長，或許也有人會感到艱苦；此外也可以解釋成如膿累積起來般，逐漸惡化的狀態，遲早會有需要放手的一天。

該如何解釋？

帶入 **目前狀況**	正位	變化的運氣／發生出乎意料的意外的時候／不知道發生了什麼事而茫然自失／改變想法的階段／吃驚但不糟糕的狀況
	逆位	某些事物緩緩崩毀／似乎要改變又沒能改變，令人焦慮不安的狀況／世代交替緩緩進行／時機已過，只等消逝
帶入 **人的心情**	正位	想要改變／猛然醒悟，懷疑至今為止的自己究竟是什麼／受到彷彿天打雷劈的衝擊／想要更加發揮個性
	逆位	不想改變／維持現狀就好／抗拒新的事物／不接受狀況／希望不要催促／因為壓力而自暴自棄／欲求不滿
帶入 **問題的原因**	正位	只是顯現出壞的一面，不構成問題／突如其來的發展令人無法冷靜／被連本人都無法阻止的衝動驅使著
	逆位	動搖／不只採取應急處置，而需要從根本上改善／系統老化／思考方式過時／無法接受新事物的狹窄器量
帶入 **未來發展**	正位	面臨突然的發展／做出連自己都意想不到的行動／大膽地變更計畫／以一己之力無法防止的事態／窺見某個人新的一面
	逆位	至今的狀態不會持續／面臨不得不改變的事態／愈是抗拒，痛苦就拖得愈長／之後慢慢感覺到的衝擊
帶入 **建言**	正位	嘗試與至今為止不同的做法／讓人生重新來過的機會／要做就一口氣地大膽前進，這樣反而好／壞掉的事物與其修理，不如直接處理掉
	逆位	明白逐漸毀壞的命運是無法阻止的／一點一點地讓自己的心順應現實／相信藉由破壞現況，就能獲得新的機會

如果要進一步應用？

	戀愛	工作	待人	其他
正位	刺激的戀情／行動大膽／別離／變心／閃電結婚／一相遇立刻有了肉體關係	狀況一百八十度轉變／突然辭職或跳槽／大膽的改造／麻煩／破產	情感崩毀／大吵一架／推心置腹地交談／關係改變／打破常識的人／衝擊性的發言	大災害／意外／受傷／很有個性／打賭／突然倒下／衝擊／根本性的改革
逆位	爭執後的懊悔／一點一點地意識到分手／每次回想都會感到沮喪的場面	無法改變做法／業績停滯不前／令人緊張的職場／一點一點地露出破綻	情感爆發／無法壓抑想說的話而一點一點地說出口／無法理解的對象／一觸即發	小災害／在無法改變的情況下緩緩崩毀／免於最糟的受害／自身難保的狀態

星 星
❋ THE STAR ❋

無論任何時代都不會改變，引導人類的清澈光芒

　　自古以來，〈星星〉對旅行者來說就一直是指引應前進方向的路標。這張牌上繪製得特別大顆的星星是天狼星，據說這是古埃及人在海上航行時的指標。此外還有七顆星星照著赤身裸體的年輕少女。不知汙穢為何物的少女，象徵著今後能成為任何存在的可能性。此外，在天際閃耀的星星也暗示著今後將開花結果的才華。

　　無論發生任何事都會持續閃耀著的〈星星〉，是意味著理想或希望的牌。

該如何思考？

正位	代表希望的〈星星〉在頭頂上方散發光芒，可說是朝著理想或目標，走在正確道路上的證明。此外，清水則有與毫無保留的愛一同淨化的意義。抽到這張牌時，可說是身心都處於良好狀態的情況。
迎向光明的未來	

基本 KEYWORD

希 望

被視為藝術之母的鳥——朱鷺守護著少女，而注入地面與海上的水則是愛的象徵。在希望的根源誕生了藝術、愛與各式各樣的事物。請用牌面的正逆位來解讀抱持的理想或夢想最後的結果。

逆位	在天頂閃耀的〈星星〉墜落地面，代表著出於某些原因，導致抱持的希望變成失望，或是目標過高而以無稽之談告終，不過是無謀的努力。此外，流水本身也暗示「流逝」的意思。
什麼也無法實現地隨波消逝	

該如何解釋？

帶入 **目前狀況**	正位	看見希望之光／對某事（某人）產生期待／隨著未來的態勢增加的運氣／感覺到幹勁的每一天／身心都處於良好狀態
	逆位	失去了引導的星星／事物一筆勾銷／回到原點／期待的活動延期／發展令人掃興／不對未來抱持希望，過著悶悶不樂的每一天
帶入 **人的心情**	正位	找到目標／有了憧憬的對象／心有依靠，精神上十分穩定／擁有靈感／對未來雀躍不已
	逆位	無法預測未來而混亂／失去目標／對憧憬的對象幻滅／對某事感到沮喪／對未來感到悲觀／認為「無論做什麼都是白費工夫」而沒有精神
帶入 **問題的原因**	正位	抱持的目的或目標本身就蘊含著問題的根源／時間上的問題／需要的並非樂觀預測而是明確的資料／理想過高而無法觸及
	逆位	所做的事多為白費工夫／浪費勞力或時間／全是漂亮的空談而沒有內容／只是走完流程而沒有累積經驗
帶入 **未來發展**	正位	預測明確／理出解決問題的頭緒／出乎意料的幸運發展接踵而來／受人提拔／才華或實力獲得認同
	逆位	難以預測／失去解決問題的頭緒／至今所做的一切都是白費工夫／好事付諸流水／令人失望的發展／面對理想與現實的落差
帶入 **建言**	正位	繼續抱持希望／抱持積極的心情／只要相信，你本身就會成為星星／積極地採用新點子或「想做」的事
	逆位	將過去全部遺忘，尋找新的目標／與其看著消極負面的事物，不如關注更美好的事物／首先要描繪可能實現的夢想

如果要進一步應用？

	戀愛	工作	待人	其他
正位	抱持著希望的戀情／戀情有發展／理想的情人／憧憬的對象／美麗的人／無償的愛	才華發光發熱／擬定目標／成為明日之星／狀況絕佳／有先見之明	與人相處使內心獲得滋潤／獲得靈感或提示／誠心誠意／健康的友情	身體健康／身體狀況恢復／尋獲／純真／藥物見效／酒精飲料／晴朗的夜晚
逆位	理想過高／自戀／心情無法跟上／悲觀／在戀愛上無法積極面對	失敗／看不見目標／不採用／被業務逼緊／誤判／努力白費	廢話過多而沒有實際結果／不知為何請了客／只要在一起，就會增加亂花錢的情況	內心失去滋潤／無法享受／不健康／迷失／不抱持希望／翻臉／混有雜質

月 亮
✦ THE MOON ✦

在月光映照下顯現的幻影與
內心的真實面

THE MOON.

　　面帶愁容的〈月亮〉高掛天際。不同於太陽，月光下的一切都顯得朦朧不清。不清楚究竟什麼才是正確的，什麼才是現實？是情況曖昧模糊的一張牌。

　　盈虧每日不同的月亮，也呈現出情感上的不穩定。仰望著月亮吠叫的狗與狼似乎也感覺到了險惡的氣息。而從意味著潛意識的水中爬出的螯蝦呈現的，則是隱藏在內心的不安逐漸浮上檯面的情況。

該如何思考？

正位 透過幻想 看著現實	在月光映照下的世界有些地方令人費解，遮蓋住重要的事物。月亮本身並不會發光，而是反射太陽光的存在，也就是一種幻象。如果會被月亮挑起不安，想必是因為它映出了觀者的謊言、祕密或不安吧。
基本 KEYWORD **神 祕**	不知道會發生什麼事的神祕月夜，〈月亮〉呈現出事物的輪廓朦朧不清的狀態。根據牌面的正逆位，能得知究竟正置身於漩渦之中，還是正逐漸脫離黑暗。
逆位 一點一點地 看得見現實	月光淡薄，逐漸接近黎明。因此眼前的幻象消失蹤影，實際狀態逐漸明晰。在一切事物被明亮太陽光映照的同時，煩惱或不安也會消散。人類也會迎接甦醒的時刻，而開始察覺許多事物。

該如何解釋？

帶入 **目前狀況**	正位	善變而不穩定的運氣／原因不明的煩躁感／正在擔心的事／看不見的事／有試圖欺騙你的人接近
	逆位	就各種意義上來說清醒的時候／眼前變得清晰而突然看見了現實／不安消散／至今所處之地突然看起來老舊不堪
帶入 **人的心情**	正位	搞不清楚對方的想法／動搖／散發著說不清楚的不安感／對某人抱持著不信任感／有想要隱瞞的事／只看想看的事物
	逆位	看穿了背叛、祕密、隱瞞的事或謊言等，卻裝作沒有察覺／對對方感到幻滅／回過神來／想把真心話說給別人聽
帶入 **問題的原因**	正位	過度解讀對方的行動或心理／沒有確實正視現實／存在尚未釐清的事實／某人正在操縱情報
	逆位	事實無法澈底隱瞞／謊言或虛偽接二連三地明朗化／露出破綻／置身於至今為止做法行不通的環境／冷靜地認清自己的實力
帶入 **未來發展**	正位	無法預測／一切都顯得模糊不清／存在隱藏的敵人／遍布謊言或陷阱／因為不安而採取的行動在日後引發麻煩
	逆位	逐漸看見接下來的發展／原本曖昧模糊的事變得具體／壞事被揭發／即使對對象感到幻滅，仍慶幸「還好有及早發現」
帶入 **建言**	正位	現在不要深入接觸，先保持距離／好好交涉，避免貿然做出口頭約定／視而不見也是必要的／不要表露內心的想法
	逆位	清醒過來正視現實／確認內心，了解自己真正想要的事物是什麼／甩開因為臆測而產生的不安或疑惑／區分現實與妄想

如果要進一步應用？

	戀愛	工作	待人	其他
正位	態度不誠實／虛偽的戀情／有所隱瞞的戀情／隱藏的情敵／浪漫的氛圍	無法掌握狀況／招致誤解／杜撰／曖昧／不知所措／沒有保證／敵意	無法信任／不知對方的目的／不能亮出全部底牌／互相刺探內心想法	苦悶難受／找不到／以有色眼光看待／詐欺／慢性病／謎題／倦怠／小偷
逆位	察覺到虛偽／心意突然冷卻下來／知道對方的真實姿態／想隱藏的關係曝光	看得清狀況／恢復冷靜／以現實態度掌握／調查問題的原因	看穿虛偽或本性／消除嫌疑／漸漸地互相理解／說出真正的心情	迴避危險／疾病逐漸痊癒／黎明到來／解開詭計或謎題／整理思緒

太陽
● THE SUN ●

約定未來的成長
與成功的存在

　　在晴空萬里的天上散發光明的〈太陽〉，以及騎在馬上的赤裸孩童。牌面描繪出毫無隱瞞、映照出所有事物的景象。從孩童的表情也能得知一切都是那麼愉快而充滿欣喜。

　　無須多言，太陽是萬物的生命力根源，呈現出活著的喜悅與能量；而孩童則是今後會繼續成長的存在。抽到這張牌，暗示著你將來很有可能獲得很大的成功。

該如何思考？

正位	
努力獲得了成果	呈現出太陽之子從牆內踏出一步，前往外頭的世界，生氣勃勃地成長的模樣。紅色旗幟是熱情的象徵，想必會依循自己「想去做」的熱忱持續勇往直前吧。如此一來就能在明白活著的喜悅時，自然而然地獲得回報。

基本 KEYWORD	
歡欣	抽到這張牌時，暗示著可能會取得一定程度的成果。請用牌面的正逆位來解讀自己是能坦率地感到高興，還是處於無法感到喜悅的情況。

逆位	
看不見陽光	太陽位於牌面下方就意味著「太陽西沉」，無法充分發揮其力量。意味著看不見陽光、生命力不足、維持著無法成長的不成熟狀態。話雖如此，太陽不會永遠沉落，一雪前恥的機會總有一天還是會到來。

該如何解釋？

帶入		
目前狀況	正位	提升到最高峰的運氣／正在等待努力之後的成功／充滿喜悅的每一天／感覺到充實／後勢看漲／充滿力量
	逆位	帶有陰霾的運氣／即使努力也不順利／有以並非本意的結果告終的傾向／無論做什麼都不開心／虎頭蛇尾／身心的能量都不足
帶入人的心情	正位	付諸努力且樂在其中／不只結果，也重視過程／有跨越困難的決心與幹勁／無論發生任何事都能接受
	逆位	無法有覺悟而想要逃避／半吊子而猶豫不決的心境／太寵愛自己／認為周遭的支援都是理所當然／偏袒某人
帶入問題的原因	正位	直率而無虛假的態度造成反效果／過度暴露內心話／過於老實／行為孩子氣／精神上很幼稚／言行舉止膚淺導致聲譽不佳
	逆位	想法扭曲而無法坦率／過度謹慎／功勞被搶／明明有功勞，卻不被眾人關注／努力不足
帶入未來發展	正位	受到周遭的矚目／做出能在眾人面前受到稱讚的事／獲得成功或成果，感到驕傲／努力獲得認同
	逆位	不如預期般受到矚目／在並非本意的情況下過於顯眼／儘管努力，回報卻很少／動機明顯低落
帶入建言	正位	在享受的期間，也與成功愈來愈接近／保持心情開朗／只要按照目前的步調前進即可／比起模仿別人，不如好好做自己／面帶笑容地打招呼
	逆位	察覺到自己正在做著無謂的努力／努力推銷自己很重要／再加把勁朝著上方邁進／維持健康的生活型態

如果要進一步應用？

	戀愛	工作	待人	其他
正位	戀情實現／受到周遭的祝福／誠實的對象／健康的戀情／為了戀愛而合作的關係	獲得成功／晉升／重見光明／掌握榮耀／即使是難熬的工作也能愉快地完成	毫無隱瞞／能讓人重振精神的對象／沒有利害衝突的健康關係／充實而愉快	愉快／健康／有精神／能夠努力／鎂光燈／孩童／新生兒／白天／晴空萬里
逆位	對戀情的結果感到不安／無法坦率高興的戀情／即使想信任也難以相信的對象	無法確實地感受到成功／無法認同自己／不想努力／就算受到稱讚也不開心	在意利害關係／無法由衷露出笑容／即使愉快但仍感到空虛	謙虛客氣／無法坦率享受／膽怯／疏忽漏看／體力衰退

審判
* JUDGEMENT *

原本以為已結束的事物
卻生意盎然地復甦

在中央繪製著吹著號角的天使，下方則是接二連三從棺材裡復活的死者。這張牌很明顯地是以聖經中的「最後審判」為主題。

繪製在號角旗幟上的十字，彷彿代表著人生的岔路，催促著人們做出某些決定。從死者復活這點，可以得知是與「過去」緣分深厚的牌，暗示讓過往消逝的事物重新復甦的機會。

該如何思考？

正位	呈現出能確實掌握住機會的樣子。釋出、公開原本一直珍藏的事物、點子、想法，那些或許是過去認為「已經結束的事物」。而這些事物的復活也很可能會成為人生的轉振點。
掌握轉瞬間的機會	

基本 KEYWORD

解 放

光明再度照耀在原本追求的夢想、曾經親近的對象、進行得不順利的計畫等，以為已經失去、再也沒機會重見天日的事物上。請用牌面的正逆位判斷自己能否確實掌握住這個機會。

逆位	暗示著讓難得的機會溜走。或許就是你在關鍵時刻卻無法鼓起勇氣、猶豫不決而錯過了時機，導致原本想重拾的想法、計畫、人際關係等再度被封印，或暫緩實行也說不定。
延遲後就這樣凍結	

該如何解釋？

帶入 **目前狀況**	正位	轉振點／遺忘的計畫或記憶復甦／機會在快放棄時降臨／與重要人物重逢／再次挑戰的時刻
	逆位	再怎麼等也等不到幫手的狀況／錯過千載難逢的機會／機會遲遲不降臨／一切為時已晚／空等
帶入 **人的心情**	正位	因為解放而感覺神清氣爽／想要辦明是非對錯／想做出人生的重要決定／就快想起某些重要的事物／回顧過去
	逆位	受到封閉感而折磨／尷尬的回憶／認為事到如今已經無法挽回／想敷衍了事，將機會連同問題全數放棄
帶入 **問題的原因**	正位	被假機會矇騙／為求保險而試圖取得備胎／過去人際關係的糾紛／問題重新浮上檯面／舊疾復發
	逆位	趕不上重大場合／無論做什麼時機都不對／忘記重要的事／無法鼓起勇氣而拖延，因此錯失機會
帶入 **未來發展**	正位	重新啟動差點放棄的事物／下定決心不再猶豫／選擇了最重要的事物／了解過去事件的意義／取回失去的事物
	逆位	無法下定決心／沒能做出選擇，一再兜圈子／目前機會無法降臨／澈底遺忘／如果不對過去做個了斷，就無法繼續前進
帶入 **建言**	正位	珍惜現在這個瞬間／過去的記憶或經驗成為提示／只要將目前能做的事做到最好即可／成功雪恥／保留至今的事情進入執行階段
	逆位	面對一直以來逃避的事物／不要浪費時間／現在就下決定／不要期待奇蹟般的機會／認清究竟有沒有必要

如果要進一步應用？

	戀愛	工作	待人	其他
正位	認為「就是這個人」的對象／表白／整理過去／舊情復燃／決心結婚／再婚	起死回生的機會／洗刷汙名／回歸初衷／放下心中的大石頭／決定導向成功	把關係做個了斷／回憶／重逢／修復關係／應該事先掌握住的重要人物	一決勝負時有利的運勢／找到／快刀斬亂麻／直覺敏銳／恢復／好運當頭／乾脆果斷
逆位	戀情沒有結果／尷尬的表白／留戀／事情沒有做個了斷／戀情上的懊悔／讓人留下遺憾的戀情	沒有回報的努力／錯失機會／嘗到挫折／辛苦的工作延長	逐漸疏遠／忘記其存在／關係難以修復／無法重逢／麻煩的人物	一決勝負時居於劣勢／找不到／決定延期／準備不足而無法行動／過期

21
世界
* THE WORLD *

在抵達的目的地
看見最棒的景色

在花環中央繪製了一名赤身裸體地跳著舞的舞者。他是兩性兼具的存在，花環代表的是作為〈世界〉起始的「宇宙之卵」。

這張牌所顯示的是一切獲得滿足的狀態。舞者手中的權杖（棍棒）意味著在體內整合相反的事物，創造出完整的世界。而位於四個角落的則是對應四大元素的聖獸，呈現出世界完成的狀態。正可說是象徵「歷經漫長時光之後完成」的牌。

該如何思考？

正位
達成目標
而獲得滿足

在抵達終點而感到高興的同時，還會產生一種「貫徹到底」的滿足感。在這裡漂亮地完成的事情，說不定只是更為遠大目標的中間階段。不過在開始為下一個階段做準備之前，可先品嘗這短暫的喜悅與幸福感。

基本 KEYWORD
完 成

為了達成一件事，就需要相應的努力。不只是「達成」這項結果，其過程中的充實感也是重點。請用牌面的正逆位來判斷能否獲得這個感覺。

逆位
因不滿意的
結果而撤退

雖然呈現一定的完成度，結果卻遠不如預期，搞不好是因為在最後一刻偷工減料才導致水準下滑。要接受這種結果，放棄並撤退，抑或是追求更高的目標，可說是全由當事人自己決定。

該如何解釋？

帶入 **目前狀況**	正位	運氣絕佳／對至今為止的自己感到滿意／獲得令人羨慕的幸福／問題來到最後階段／得到最棒結果的時候
	逆位	萎靡狀態／還不到能獲得滿意結果的階段／不好也不壞的不完全燃燒狀態／沒能回應周遭的期待／維持未完成的狀態
帶入 **人的心情**	正位	熱衷於一件事／毫無雜念的高度專注狀態／獲得完全燃燒的滿足感／認為一切都是為此而存在／最棒的自我肯定感
	逆位	一味地在意周遭視線而無法發揮實力／沒使出全力而懊悔／因為應對方式錯誤導致功敗垂成／因為結束方式半吊子而不完全燃燒／失去幹勁
帶入 **問題的原因**	正位	只緊盯著前方專心地應對，而看不見周遭／做過頭／自戀的態度／自我滿足而得不到周遭的理解
	逆位	沒有毅力，關鍵時刻會試圖放棄／把重要的問題留到後面才做／沒有貫徹到底的力量／欠缺願景
帶入 **未來發展**	正位	最棒的快樂結局／夙願以償／至今所做的一切最後結果出爐／實現夢想／已經獲得至高無上的幸福／滿足感
	逆位	得到遠低於目標的結果／以不滿意告終／點到為止並閃躲／夢想以空想告終／覺得「夠了」而敷衍了事的心態／做過頭造成的弊病
帶入 **建言**	正位	直到最後都按照自己的步調前進即可／重點在於相信支持自己的人／與周遭的人分享喜悅／認為挑戰這件事本身就有意義
	逆位	在面對大目標時，要先將小事一件一件完成／排除局外人的雜音／明確認知自己的使命／切勿逃避／全力奔跑到最後一刻

如果要進一步應用？

	戀愛	工作	待人	其他
正位	兩情相悅／戀情有結果／尊敬與信任對方／幸福的婚姻／受祝福的關係	天職／順利進行／獲得與結果無關的成就感／貫徹到底後毫無遺憾地想更換跑道	老交情／令人懷念的人物或話題／人望／能創造自己容身之處的人／好夥伴	勝利／喜悅／只屬於自己的世界觀／受到支持者的關照／寬廣／開悟／理解一切
逆位	被視為理所當然的戀愛關係／看不見未來／失去感恩之情／不會進展到婚姻的關係	前途堪憂／在達成目標前就已滿足／驕傲／為了逃避現實而換工作	不期望關係進一步發展／無論是好是壞都沒有留下什麼印象的人物／疏遠／極限	怎樣都好／無法發揮自己的作用／沒有充分展現的能力／自我滿足於維持現狀

COLUMN
世界塔羅牌圖鑑
角色篇

塔羅牌的圖案有各式各樣的種類。
在這裡介紹與登場角色截然不同的款式。
換作是這種牌，或許就連〈死神〉與〈惡魔〉也一點都不恐怖了。

Gummy Bear Tarot
小熊軟糖塔羅牌

以慵懶的柔和線條繪製的小熊軟糖塔羅牌。
儘管如此，構圖仍以偉特塔羅為基礎，也幾
乎囊括了基本主題，所以非常實用，是一副
特別推薦初學者使用的牌。使用方便攜帶的
鐵盒也是令人開心的特色！

Tarot of Pagan Cats
異教徒貓咪
塔羅牌

最推薦全世界的愛貓人士使用的，就是這款塔
羅牌。所有登場人物全都變身成貓咪！ 表情
豐富的貓咪昂首闊步於塔羅牌世界的模樣，令
人原本煩惱的內心都和緩了下來。繪製時也特
別強調牌面意義，是一副很容易解讀的牌。

The Wonderland Tarot
愛麗絲夢遊仙境塔羅牌

以眾人耳熟能詳的《愛麗絲夢遊仙境》為題材
的塔羅牌。由於將大家熟悉的場景漂亮地融
入塔羅牌中，喜歡愛麗絲的人或許能更快記
住牌義。確認哪個場景變成哪一張牌，應該
也是一大樂趣。

Chapter

由四大元素組成

56張
小阿爾克那

由於牌數眾多，
或許會有人覺得不安，
但相信只要讀了本章就能很快熟悉。

56張小阿爾克那
為四種花色的故事

或許是因為提到塔羅牌就會聯想到大阿爾克那，應該也有許多人會表示「我不知道原來還有另外56張牌」。不過只要翻閱歷史，就會發現小阿爾克那（Minor Arcana）其實更早誕生，而且據說是撲克牌的原型。

小阿爾克那的特徵是四種花色（符號）。分別對應構成萬物的元素（基本要素）——火、地、風、水，並代表四種推動人類的動機。

權杖為火，代表熱情；錢幣為地，代表物質；寶劍為風，代表思考；聖杯為水，代表感情。這些全是人類活著不可或缺的要素。

而這些牌又以四張宮廷牌與從一（ACE）到十的數字牌來呈現。

宮廷牌可說是分別代表在你之中的四種角色與形象。如果是權杖，就是分別以侍者、騎士、王后、國王四人的立場來呈現「如何掌握、表現所謂的熱情」。

此外，數字牌則是以該花色為中心的一整個故事。每種花色會分別表現出抱持熱情或智慧來實現目的的道路、為了獲得愛情和財富的道路等，請依序欣賞每張牌以了解故事走向。

　　此外，相較於大阿爾克那呈現的是無法逃避的命運事項，據說小阿爾克那呈現的則是日常生活上的事情。因此可以發現，與大阿爾克那的牌面相比，小阿爾克那人們的神態非常豐富，也更有人情味。

　　各位可以從本書介紹的偉特塔羅中看到豐富的圖相。在那之前的塔羅牌多是以簡單的方式呈現，〈錢幣二〉就畫上2枚錢幣、〈寶劍七〉就畫上7把劍。而藉由在這之上添加簡單好懂的圖案，就能令人們更容易掌握牌義。

　　要了解塔羅牌，就應該連小阿爾克那的世界都盡情品味。請從56張牌上接受更為細膩而切身相關的訊息吧。

POINT

宮廷牌也能替換成火、地、風、水

無關花色，四種宮廷牌也能分別以火、地、風、水的角度來思考。這個時候，侍者為地、騎士為風、王后為水、國王為火。因此〈錢幣騎士〉也就是〈錢幣（地）〉×〈騎士（風）〉，可解讀成「會依資訊而耿直行動的個性」。這樣的思考方式也能更加拓展宮廷牌的形象。

	侍者 （地）	騎士 （風）	王后 （水）	國王 （火）
權杖（火）	火×地	火×風	火×水	火×火
錢幣（地）	地×地	地×風	地×水	地×火
寶劍（風）	風×地	風×風	風×水	風×火
聖杯（水）	水×地	水×風	水×水	水×火

權杖
✦ WAND ✦

元素

火

支撐人類的生命力、行動力與活力

　　權杖就是棍棒，是人類自古以來使用至今的工具。吃飯時用來點火、當作防身用武器、作為建造住宅的材料。支持著人類的食衣住、生命，可說是最為重要的工具。

　　對應的元素為火，代表著人類的生命力、「想做些什麼」的熱情以及「想戰勝些什麼以獲得事物」的爭鬥心。

宮廷牌上畫了些什麼？

PAGE
侍者

謹慎地表現初生的熱情

特徵為權杖（火）的侍者（地）雙腳著地的熱情。目不轉睛地盯著棍棒，就像要壓抑住急躁的情緒般，謹慎地試圖邁步。

KNIGHT
騎士

充滿自信，朝氣蓬勃的野心

權杖（火）的騎士（風）以溝通來表現熱情。大聲地訴說夢想，充斥著甚至將周遭捲入的能量。

QUEEN
王后

對分享想法的強烈熱情

權杖（火）的王后（水）有著想與人分享心情、炒熱氣氛的意思。熱情地訴說自己的想法，掌握住人心。

KING
國王

無人能擋的熱情凝聚體

權杖（火）的國王（火）擁有熾熱的靈魂。會將自身的熱情直接付諸於行動，氣勢之強，甚至足以撞開阻擋在去路上的事物。

數字牌上畫了些什麼？

| 一 | 二 | 三 | 四 |

產生熱情
湧現想開始做些什麼的熱情。

想要活躍的心願
為了該如何實現熱情而擬定計畫。

前往更寬廣的世界
下定決心要邁入下一個階段。

片刻的寧靜
事情告一段落，獲得短暫的療癒。

| 五 | 六 | 七 | 八 |

   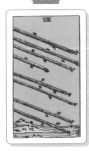

熱情的轉換期
產生課題，面臨必須採取對策的狀況。

勝利的凱旋
贏得長久以來想望的事物，獲得眾人讚賞。

比現在更上層樓
為了朝進一步的目標邁進而主動挑戰。

毫不猶豫地前進
乘勢一口氣朝著達成目標衝刺。

| 九 | 十 |

獲得後產生不安
雖然抵達目標，卻處於受困的狀態。

產生欲望而邁向毀滅
明白即使伸手攫取所有事物，也無法真正掌握一切。

POINT

熱情高漲與結束的故事

權杖牌組描述的是一個人的內心萌芽的熱情如何迎向盡頭的故事。權杖可點上火作為火把，是展開某些事物時不可或缺的存在。以此迎向挑戰，並漂亮地掌握了勝利，卻由於「還想要更多」而以更上層樓為目標，使得前景驟然變色，導致最後無法承擔負荷。

權杖一

* ACE of WANDS *

ACE of WANDS.

找到傾注熱情的對象

權杖一（ACE）為神之手握住生命力的象徵——權杖。背後看似城堡的建築物象徵著想達成的目標。是張呈現欲獲得想望事物的強烈熱情的牌。

正位	
展開新的挑戰	力量高漲的狀態。表現出產生新的目標，並為了令自己成長而試圖踏出一步。

基本 KEYWORD
生命力

呈現出推動人類的力量——熱情。請用牌面的正逆位或出現位置來判斷熱情的高低。

逆位	
一項挑戰結束	暗示熱情低落，事物逐漸迎向終結。反之也有代表力量失控的情況。

	目前狀況	人的心情	問題的原因	未來發展	建言
正位	朝著想做的事發展／面對新挑戰的時候／幹勁十足的情況	對任何事物都充滿熱情／令內心雀躍的點子／積極正向的思考	貪得無厭，什麼都想要／空有點子卻並未具體落實於計畫	就職、入學等人生轉機／著手新的事物／機會降臨	不只思考，也該採取行動／更加展現熱情／順應直覺
逆位	強硬地推動事物／容易朝錯誤方向失控暴衝的運氣／力量低落	意志消沉／一切都無關緊要／無法下定決心／想阻撓他人	錯過時機／喪失目的／有無法清算的事物	氣勢不足／失去幹勁／事物結束／預定延期或中止	現在不是時候／延後下決定／接納結束並告一段落

	戀愛	工作	待人	其他
正位	對新戀情投注熱情／沉浸於交往關係中／有性感魅力的人物／強大的吸引力／懷孕與生產	想出好主意／企劃能力成為關鍵／組成團隊／新事業／有幹勁的夥伴	新的邂逅／得到夥伴／頻繁地聯繫／社團活動	各種事物的開始／誕生／富有創造性或靈光一現／重新裝潢開店／旅行
逆位	了結關係／主動抽身／戀情受到周遭迫害／離婚／性慾衰退／不孕	沒有幹勁的環境／經營狀況每況愈下／事業撤出／契約回歸原點／解散團隊／破產	有人離開／有人在扯後腿／失魂落魄，不知在想什麼的人	各種事物的結束／失去勢頭／清算過去／脫離／退學／離職／停業

權杖二

＊ TWO of WANDS ＊

以更高的階段為目標

在城堡頂端佇立，手握小小地球的成功者姿態。儘管已經獲得榮耀，仍對結果感到不滿足，懷抱新的野心。這是張顯示意志進一步躍進的牌。

正位	
達到目標，充滿自信	確實掌握了自己的功績或成長。並以這份自信為基石，萌生「想朝著更上方邁進」的野心。

基本 KEYWORD

到達

暗示著已經得到一定程度的事物。請用牌面的正逆位來判別究竟能活用手中事物發展，或是感到空虛。

逆位	
快要失去達成的事物	可能會有失去得手的事物、被驅離原本地位的發展。或是歷經努力得到的事物，看起來卻褪色的情況。

	目前狀況	人的心情	問題的原因	未來發展	建言
正位	即將達成目標／能夠滿足的情況／下個發展即將開始	自信滿滿地認為「沒有不可能」／想朝下個目標邁進／想以上方為目標	認為一切都該獨力完成／沒有察覺事態的嚴重性	順利達成目標／萌生自信／產生新的願望或野心	認同自己至今為止的努力／抬頭挺胸／追求更高的目標
逆位	面臨預期之外的事態／孤立的環境／步調不一致	瞧不起他人／朝著不好的方向前進的預感／受到背叛的心情	令人受到打擊的事件／受到動搖使判斷力降低／強烈地感到後悔	明白失去的恐懼／即將失去成果／突然發病／計畫中止	態度切勿傲慢／確認對方的心情／因應狀況準備好備案

	戀愛	工作	待人	其他
正位	達成戀愛的目標／將對方掌握於手中／認真的人／能夠一起描繪未來藍圖的戀情	實績受到評價／被交付領導工作／感覺到現況的極限，想朝下一個目標邁進／擬定戰略	背負責任／互相提升的關係／充滿自信的人／成功者／有未來性的人	身體健康／得到一筆錢／獲得協助者而得以進步／自我管理
逆位	關係不順利／焦躁感／想要支配對方／高壓專橫的人／突然離別	對計畫死心／因為對方的問題而中止／有些勉強的計畫／突然調職	對方態度突然改變／被視為競爭對手／經常變更預定計畫的人／突然聯絡不上	妨礙健康／突然失去一筆錢／管理能力低落／事物陷入困難

權杖三

* THREE of WANDS *

等待行動的機會

懸崖上的男子正眺望著大海，究竟是在守望船隻出航，還是在等待它們歸來呢？這張牌呈現的情景是正思索著自己的現況或接下來該前往的地方。

正位
窺探挑戰的機會

你正打算朝更上一層的階段前進，決心已經成形，只差再推一把。採取行動的時機已經近在眼前。

基本 KEYWORD
摸索

朝著新的目標，正在窺探採取行動的機會。期待感高漲，但請用牌面的正逆位判斷自己能否如願前進。

逆位
期待在閃躲的情況下告終

身心明明都已經做好準備，但因為沒人推你一把而沒有採取行動。暗示著你沒有等到期待的通知。

	目前狀況	人的心情	問題的原因	未來發展	建言
正位	事物擴大的氣息／等待令人欣喜的通知／獲得協助的機會	獲得喜訊而大感歡喜／「這麼一來就沒問題」的游刃有餘／期待感	願意協助的人與時機無法配合／無法掌握契機	收到期待已久的通知／獲得長久期望的事物／出現協助者	以積極正向的心情面對／需要尋找贊助者／活用經驗
逆位	不如預期／聯絡耽擱／徒勞無功／遺憾	因為出乎預料的發展而氣餒／不順心而急躁／心裡沒底	空有期待卻什麼也沒做／失去內心的餘裕／行動過慢	錯失機會而為時已晚／沒有聯絡／沒被理睬	別錯失時機／切勿期待過度／冷靜下來別焦急

	戀愛	工作	待人	其他
正位	與喜歡的人結合／戀愛的機會降臨／發展到結婚的戀情／有聯絡／肉食系	商務機會降臨／獲得融資／擴大事業／簽訂新的契約	價值觀相似，可互相理解的關係／出現理解者／回應期待的人／好的協助者	光明的未來／大幅成長的契機／還有希望／萌生探究心／為旅行做準備
逆位	對方不把你當作對象／以單戀狀態失戀／沒有回應訊息／被動的人／草食系	受矚目的時機不對／錯失機會／利益減少／預定計畫延期	聯繫不上／不理睬你的人／沒有原因地失約／關係每況愈下／費兩次工	看不見未來／不如預期的難受感／氣氛冷場／短期留學／遲到／延期

權杖四

※ FOUR of WANDS ※

獲得自由，沉浸在喜悅中

可以看見在權杖的另一側揮舞著花束的人影，每個人都放鬆而平穩地生活著，而在人們身後的城堡則是豐饒的象徵。這是張傳達穩定幸福與喜悅的牌。

正位	
獲得由衷的喜悅	暗示著從障礙中解放。獲得安穩與自由，並切身體認到「我真正在追求的就是這個」。

基本 KEYWORD
歡喜

這是顯示精神上喜悅的牌。無論身心都感到充實，但也可能因為滿足於現狀而喪失進取精神。

逆位	
在現況中尋找喜悅	放棄取得新事物，從現在的環境中找出喜悅。也顯示出以被動態度接受事物的狀態。

	目前狀況	人的心情	問題的原因	未來發展	建言
正位	放下肩上重擔的狀況／有好的邂逅的時候／令人高興的事件	平靜且安穩的心情／解脫般的感覺／興高采烈的感覺	過於放心／斷定「一切都會順利」／因為解放感而疏忽大意	鬆口氣歇一會兒／告一個段落，獲得成就感／祝福他人的幸福	別鑽牛角尖／做自己，放鬆一下／稍微休息
逆位	狀況不糟但無法滿足／從現況中找出快樂的運氣	安於現狀／敷衍了事地矇騙自己／好逸惡勞	沒有作個了斷／擺出依賴人的態度／忘記感恩	猶豫不決，什麼也沒決定／選擇輕鬆的地方安頓下來／無法跨越框架	切勿太過從容／別勉強自己接受／別配合別人的意見

	戀愛	工作	待人	其他
正位	展開新的戀情／互相溝通／結婚典禮／在一起能感到放心的人	達成目標／解決問題，放下肩上的重擔／老手／休長假／結束	自我揭示／和樂融融／與家人團聚／由衷感到平靜的關係／認識的人物／熟人	能讓你做自己的地點／變得自由／參加活動或派對／返鄉／自家
逆位	平淡無奇／總覺得有些格格不入／倦怠感／爭風吃醋／單方面的對話	達成目標仍無法滿足／受到期待而驕傲自滿／隨便的工作／情緒起伏大的人	關係雖然不到險惡，卻總是吵個沒完／墨守成規／對熟人失去禮數	試圖矇騙自己而造成進退維谷的情況／串通勾結／失去原本的自我

權杖五

* FIVE of WANDS *

以堅強的意志互相競爭

藍天之下，五個人得意洋洋地展開戰鬥。牌面明亮的配色顯示出這場戰鬥並不帶有負面情感。是張呈現對於鬥志與勝負的堅持的牌。

正位
一邊切磋琢磨 一邊奮鬥

爭鬥心雖高漲，卻沒有負面情感。試圖藉由戰鬥以抵達某個終點。

基本 KEYWORD

這張牌在詢問你「勝負的意義」。請用牌面的正逆位，來解讀你究竟是為了振奮自己，還是為了擊潰他人而戰。

取勝

逆位
擊潰對手

進入戰鬥態勢，試圖傷害、推開對手。感覺得到為了讓對方認輸，而堅持戰鬥到底的意志。

	目前狀況	人的心情	問題的原因	未來發展	建言
正位	變化的運氣／打開天窗說亮話的時期／決定勝負的時候	想傳達想法／想順利突破現況／對於反對意見抱持反抗的心態	沒有與自信相符的實力／措辭過於坦率／靜不下來	以更上層樓為目標／棋逢敵手／團體間的競爭	強調自己／直接地表達意見／多加挑戰
逆位	狀況混亂／無法收拾／被周遭玩弄而混亂的時候	不好的妄想加速／覺得只有自己辛苦／嫉妒／焦躁	想做什麼就做什麼／變得支離破碎／不擇手段的態度	事情處於沒有著落的狀況，停滯不前／為了避免衝突而妥協	必須有一方先讓步／別讓現況長時間拖延／統整意見

	戀愛	工作	待人	其他
正位	被複數異性追求／愈吵感情愈好／戀情上有情敵／橫刀奪愛	參加比賽或甄選會／交換有益的意見／宣傳戰／競爭	爭論／達成共通目的／能夠給予刺激的團體／能夠分享心情的人	在看不見前方的情況下奮鬥／適度的緊張感／爭奪地位／吵鬧嘈雜
逆位	吵架無法收拾／受到獨占欲驅使／因為消極而痛苦／暴力的人	會議無法收拾／無可奈何地採取妥協方案／陷入膠著狀態／內鬨	為了芝麻小事而爭執／對話兜圈子／糾纏不休又乖戾的人	不明白定位／不想承認現況／無論如何都想保護自己

權杖六

* SIX of WANDS *

受到眾人讚賞

牌面上描繪著手握勝利的權杖，坐在馬匹上緩步前進的男人。從率領軍隊這點可以得知他一定是個優秀的將領。這張牌呈現出的是掌握榮耀，獲得幸福感。

| 正位 受到強力稱讚而感到自豪 | 獲得評價，坦率地感覺開心的狀態。心懷些許優越感，並對於事情順利成功一事感到自豪。 |

基本 KEYWORD

稱讚

這是張顯示受人稱讚的牌。雖然好事將近，仍請用牌面的正逆位來解讀自己會如何接受。

| 逆位 對於不合理的結果感到不滿 | 認為「自己做得明明更多」，而內心暗自感到不滿。甚至對周遭的讚美感到煩躁，無法坦率地感到開心。 |

	目前狀況	人的心情	問題的原因	未來發展	建言
正位	達成一項目標的時候／似乎有令人高興的新聞／令內心雀躍的運氣	高興得不得了／想向人自誇／感到得意／成就感	稱讚招來嫉妒／違背當事人的本意，過於受到矚目／自我意識過剩	以自己的方式獲得成功／成為注目焦點／在競爭中獲勝而躍進	同心協力／抱持自信著手處理／培養領導能力
逆位	無法按照預期進行的運氣／即使達成也無法感到開心的狀況／時間到	不同於想像的結果令人氣餒／驕矜／沒有自信／自卑感	自尊心過高／擺架子的態度／總是找藉口	等不到好消息／團結力量弱／雖然成功卻無法得到成就感	小心叛徒／優越感會成為失敗的火種／別焦急，花時間處理

	戀愛	工作	待人	其他
正位	戰勝情敵／表白成功／聽見期待已久的話語／有許多支持者的人	交易成立／達成目標而受到矚目／因為活躍而晉升／團隊合作	合得來而團結一致／互相協助的關係／帶來好消息的人／新成員加入團隊	展現真正的自己／團結起來朝同一個方向前進／感受到令內心雀躍的充實感
逆位	誤以為「對方喜歡自己」／表白失敗／消息不明／提親、婚約、登記入籍延期	等待回應／只有形式上的晉升／計畫延期／無法發揮團隊合作／組織崩潰	信任對方導致面臨危險／謊言導致失和／聯絡過慢／光是出張嘴而不行動的人	以謊言或虛張聲勢來掩飾／自信過剩／評價過高／背叛行為／有人脫隊、背叛

權杖七

* SEVEN of WANDS *

在掌握主導權的情況下一決勝負

牌面描繪的是男人孤軍奮戰的模樣。從往上戳的權杖數量可判斷敵方人數眾多，但他占得了懸崖上的有利位置。這張牌顯示的是立於壓倒性的優勢而毫不動搖。

正位
從有利的立場取勝

站在有利的立場掌握事情的狀態。在運氣順風的情況下，可以感覺到一切都站在你這一邊。

基本 KEYWORD

奮鬥

牌面的正逆位顯示的是你將站在何種立場上掃除棘手的事情。你是站在懸崖上，還是懸崖下呢？

逆位
在不利的狀況下面臨苦戰

這張牌暗示的是處於嚴峻局面。你將被迫在壓倒性不利的狀況下面對戰鬥或挑戰。有時也可解釋成精神上的迷惘。

	目前狀況	人的心情	問題的原因	未來發展	建言
正位	能主張自我的狀況／克服軟弱／一決勝負的好時機	訂下目標／產生信念／充滿對勝利的意志與自信	掌握了主導權卻沒有活用／過度相信有利的狀況	取得有利的立場／明確地回應 YES 或 NO	讓周遭的人成為夥伴／相信自己／利用有優勢的立場
逆位	無法下定決心的狀況／被捲入無可避免的爭鬥中	無法整理思緒而混亂／喪失戰意／不安／糾葛	與良心之間的交戰／斷定辦不到／受到妨礙	陷入不利的狀況／受到他人妨礙而付出無謂的勞力	注意妨礙或干涉／要有面臨苦戰的覺悟／放棄沒有意義的戰鬥

	戀愛	工作	待人	其他
正位	猛烈地接近／一不做二不休的氣勢／不害怕失戀的心／贏得勝利的愛情	企劃案獲得勝算／討價還價／在比賽中獲勝／資金充裕／贊助商	主導對話／說話無所顧忌的人／強勢的應對成為關鍵／爽快出錢的關係	藉由下定決心而取得勝利／毫不迷惘／試圖戰勝的氣概／勝算／致勝時機
逆位	受到情敵欺騙／以徒勞無功告終／躊躇不前而猶豫／失戀	敗象濃厚的企劃案／遭到突襲／在競爭或比賽中落敗／費兩次工	不同於真心話，表面上的對話／弱勢的應答／表裡不一的關係／不擅長應付態度強勢的人	心生膽怯而落敗／自己內心的迷惘／被抓住弱點／沒有勝算的戰鬥

權杖八

* EIGHT of WANDS *

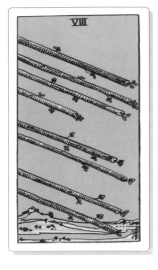

以疾風般的速度進展

八支權杖如箭矢般前進的模樣，象徵著強大的力量與速度。此外，權杖前端朝著同一個方向前進，暗示著意志與行動一致，毫不猶豫地前進的姿態。

正位	
以令人眼花撩亂的速度前進	事物性急地動了起來，顯示事態將會以無法預測的速度產生變化。有時也可解釋成所希望的好事。

基本 KEYWORD
急速發展

表現出事物進展的速度。牌面的正逆位將決定事物是將以驚人之勢進展或是停止。

逆位	
在意想不到的地方停滯不前	原本順利的事情突然地停了下來。暗示著因為出乎意料的問題導致停滯，導致令人不耐的封閉感。

	目前狀況	人的心情	問題的原因	未來發展	建言
正位	事態好轉的運氣／事物流暢地推動的狀況／不間斷的變化	確切地感覺到走運／切換成積極正向的思考	因為急速發展而陷入混亂／遭氣勢壓制／應對方法錯誤	迎接令人欣喜的發展／事情一口氣進展，狀況刻不容緩	不可以躊躇／相信自己的運勢／順應情勢
逆位	運氣急轉直下／出乎意料的發展／傳來討厭的消息	背叛期待，受到打擊／不幸的深淵／不滿延長	陷入僵局／對方變心／失去熱情與氣勢	發生不樂見的事態／沒得到期待的事物	仔細觀察狀況／意料之外的事態／小心別人改變主意

	戀愛	工作	待人	其他
正位	一見鍾情而墜入愛河／熱情地追求異性／展開出乎意料的戀愛／急速發展／氣勢	接到訂單／突然收到委託／顧客增加／投資或股票成功／銷量提升	突如其來的邀約／突然聯繫／倉促地見面／關係順利進展	吹起順風／脫離停滯不前的狀態／突然的長距離移動／需要立刻採取行動
逆位	強烈的嫉妒感襲來／出於獨占欲而束縛人／態度突然改變／變心	預定計畫遭受挫折／突然延期／接到討厭的工作／不符期望的調動	一廂情願而引發爭執／推翻說過的事／變更預定計畫的人／多嘴的人	突然地受到逆風侵襲／被禁止外出／被強加事務導致亂了計畫

權杖九

* NINE of WANDS *

凝視自己，準備好面對各種事態

牌面上繪製著小心謹慎地戒備著的男人身影。儘管負傷仍試圖戰鬥的姿態，令人感覺到他不想認輸的不屈精神。這是張再次詢問自身戰鬥理由的牌。

正位	
準備 臨機應變	無論何種狀況都能應對的狀態。你已經確實做好準備加以提防，身心都充滿緊張感。

基本 KEYWORD

準備

顯示出面對危機的力量。請用牌面的正逆位來解讀究竟是以萬全的狀態面對挑戰，還是會因為準備不足而身受重傷。

逆位	
因為驕傲 而遭受沉痛打擊	你對於事態過於樂觀。逆位暗示著無法應對唐突的局面而引發混亂。有時也可解釋為訓誡你缺乏自覺。

	目前狀況	人的心情	問題的原因	未來發展	建言
正位	重整態勢的時候／為未來做好準備的狀況／提防危險	擺好架勢提防危險或敵人／有備無患／神經過敏	事物沒有進展／自己拖延／小心謹慎過頭	做好萬全的準備／無論任何困難都要挺身面對／活用過去的經驗	用心周到地準備／以至今為止的經驗為糧食／注意舊傷或疾病
逆位	無法順利應對的時候／重蹈覆轍的運氣／趕不上的情況	因意料之外的事態而氣餒／後悔自己過於輕敵／認為過去的行動白費工夫	態度悠哉／想法或認知天真／沒有從過去的經驗中學習	準備好的事物沒能發揮就結束／發生估計錯誤的事件	決定好優先事項，排好應該針對什麼事做準備／提前預約／切勿大意

	戀愛	工作	待人	其他
正位	了解到不能小看情敵／面對異性感到緊張／投出懷疑的視線／想守護的戀情	提防困難或麻煩／設想最糟的事態／仔細確認而成功／強敵	感覺到壓力／一如準備的對話／經驗豐富的人／警戒心很強／要特別注意的人	條理分明的狀態／做好迎擊的充分準備／充滿力量／掌握勝利
逆位	關係沒有進展／空等／估計錯誤／擦身而過的戀情／運氣很差的人	無法掌握現況／不得要領，工作無法進展／被占了先機／駭客	過於自我中心使得步調不一致／對話沒有結論／靠不住，不成熟的人	一切都顯得半吊子／準備不足而突然遭受襲擊／貧弱／敗北／容易生病

權杖十

* TEN of WANDS *

決定該如何處理肩上重擔的時候

牌面上的是懷抱著好幾根權杖的男人身影，從他的姿態甚至能感覺到一股「絕對不放手」的執著。這張牌會拋出選擇，告訴你什麼該掌握住，什麼應該放手。

正位	即使已經筋疲力盡，仍無法放下負擔的狀況。這張牌顯示的是被只有自己能背負的事物逼得喘不過氣。
因自己選擇的重擔而竭盡全力	

基本 KEYWORD

沉重的壓力

這張牌呈現的是心理壓力或社會責任。請用牌面的正逆位，判斷肩負著重擔將看到什麼樣的未來或現在的心境。

逆位	你已經瀕臨極限，似乎希望能放下負荷，獲得解脫。有時也可解釋成沒有責任感。
放下逼迫自己的事物	

	目前狀況	人的心情	問題的原因	未來發展	建言
正位	筋疲力盡的狀況／承擔任務的狀態／沒有餘裕的時候	不做不行的幹勁／身心疲憊不堪／心情鬱悶	獨自扛起／過度干預各種事物／正經	太過努力而過勞／需要他人協助	與周遭商量／應該分擔職務／不要總是回應他人的需求
逆位	禍不單行的運氣／一再遇上麻煩的時候／想要而逃跑的情況	想從壓力中解脫／態度驟變地認為自己沒錯	半途而廢／姑息自己的思考方式／沒有責任感	無法做到最後／逃離現況／遇上接二連三的麻煩	不要逃離責任／應該考慮到會增加麻煩／如果沒有自信就找人代替

	戀愛	工作	待人	其他
正位	為了避免被討厭而忍耐／因責任感而維持的關係／需要別人照顧的人／苦戰	扛起工作／因為責任感而產生壓力／重複預約／過勞	認為是自己錯了的心境／認錯的發言／勞碌命／受期待而感覺到重擔	認為只有自己辦得到而扛下／所有令人覺得難受的事物／看護／育兒／義務感
逆位	與情人分手／自己的行為遭到責備／拋棄對方逃跑／懷有問題的人	半途放棄工作／互相推卸責任／連續出問題／失敗而遭受挫折	受到牽連／被迫代人承擔問題／遷怒／自我中心的人	不負責任地放棄／被人轉嫁責任／接受考驗／逃避／脫離戰線

權杖侍者

* PAGE of WANDS *

PAGE of WANDS.

對未來懷抱希望

牌面上繪製的是負責傳遞訊息的少年。從仰望比自己高大的權杖的模樣，可以感覺出他的坦率。呈現對於未來抱持希望的純粹，以及試圖實現的熱情。

| 正位 |
| 確信未來
而燃燒熱情 |

顯現以純粹的雙眼看著未來的狀態，以忠實而坦率的態度面對願望。暗示朝著夢想順利邁步向前。

基本 KEYWORD

傳令

少年一心一意地凝視著光明的未來，試圖說些什麼。請用牌面的正逆位，來想像少年正要說出口的話語。

| 逆位 |
| 沾沾自喜地
說大話 |

在述說著希望的背後，則隱約透露出反骨精神與反覆無常的態度。有時也可解釋成在沒有自覺的情況下，因為對他人的反抗心而採取行動。

	目前狀況	人的心情	問題的原因	未來發展	建言
正位	有幹勁的狀況／左右未來的機會降臨的時候	熱衷於一件事到甚至無暇顧及其他事情的程度／幹勁十足	看不見周遭／有如孩童般作夢的傾向／單純	機會降臨／恢復精神／接到好消息	坦率地只看眼前的事物／不要思考多餘的事情
逆位	一頭熱地失控中／見異思遷而使心情不定的狀態	違背倫常的想法盤旋腦海／無法理解周遭的心情	瞧不起周遭，態度很差／為反對而反對的膚淺言行	虛張聲勢／不論等多久都沒有回音／因為急躁而導致失敗	與傳聞保持距離／不要太期待回音或回報

	戀愛	工作	待人	其他
正位	由衷地享受戀愛／與新的異性邂逅／認為戀愛中的攻防很有趣／年紀比自己小的異性	專注於自己肩負的工作／透過眼前的工作學會技術／外國事業	締結信任關係／交到新朋友／能回歸赤子之心的關係／由衷享受交談	精力／年幼孩童／年輕人／明確的措辭／單純／電話／書信／電子郵件／外文
逆位	因為出現新的異性而變心／隱瞞的事被揭穿／單方面地強加自己的心情	利己主義惹禍，導致信任降低／只出一張嘴而不採取行動／祕密洩漏／駭客	將祕密全數揭露／內心不覺得愉快／懷疑的對象／抱持虛榮心的人	想引人注目／事情變得棘手／性急／任性／說話不算話／不成熟的人

權杖騎士

* KNIGHT of WANDS *

湧現迎接新挑戰的熱情

牌面上繪製著騎在跳躍的馬上的勇敢青年身影。雖然活潑且充滿魅力，但要控制他可極為困難。這是張呈現難以駕馭的熱情與強烈衝動的牌。

KNIGHT of WANDS.

正位	
朝著新天地出發	朝著新的開始，內心感到雀躍的狀態。渾身充滿了挑戰的熱情，暗示著積極採取行動。

基本 KEYWORD

出發

顯示邁向全新事物的開始。請用牌面的正逆位來判斷如何接受變化是最好的。

逆位	
內心追不上變化	意料外的變化令你不知所措。由於想守護原本的容身之處，也會因此採取攻勢。

	目前狀況	人的心情	問題的原因	未來發展	建言
正位	啟程的時候／跳槽或調動的跡象／有不可思議的機緣	想要開始而幹勁十足／對挑戰抱持熱情／總之就是想開始	空有熱情而沒有具體計畫／莽撞冒失／逃避思考	遇見具影響力的人物／湧現挑戰的熱情／東奔西跑	與其考慮後果不如先採取行動／改變想法後開始
逆位	離開現在所在處的時候／引發麻煩的跡象／只差一步的狀況	不知所措地迷失自我／可能遭到貶謫而氣勢洶洶／惱羞成怒／激動狀態	弱點被攻擊／過於拘泥現狀／發言誇張	面臨口角或爭執等麻煩／被狀況的變化玩弄於股掌間	冷靜下來思考／即使驚慌也只會疲憊／不要害怕意料之外的事態

	戀愛	工作	待人	其他
正位	積極地追求成功／受到性感魅力互相吸引的關係／大膽而熱情的人／肉食系	開拓新顧客或市場／營業相關的工作／新的挑戰／留學／出差／榮升／貿易	可互相表達熱情／沒有後顧之憂的關係／冒失的人／運動夥伴／旅伴	勇敢／性急／自信／突然的旅行／開車／汽車／巴士或電車等大眾交通工具
逆位	不知道會發生什麼事的戀情／經常吵架的情侶／試圖保護自己／利己主義者	所做的一切都落於人後／趕不上時間／沒有計畫／人際關係惡化／妨礙	合不來／每次見面都影響心情／會吵起來的關係／麻煩製造者	靜不下來／不穩定／衝動的／吹牛／氣餒／到各種地方拜訪／挫折

權杖王后

* QUEEN of WANDS *

QUEEN of WANDS.

如同花香般散發的魅力

這張牌描繪著手持權杖與向日葵的女性姿態。挑釁般地張開的雙腿令人感覺到性感魅力，腳邊的黑貓則像在展現魔性。是張展現表裡如一的強韌的牌。

正位
周遭的任何人 都會受到吸引

暗示著成為受到矚目的焦點。內心游刃有餘，就會出於熱心採取行動。此外，也可解釋成坦率地受到喜愛。

基本 KEYWORD

魅力

展現出獨占視線的力量。話雖如此，那分魅力既能有正面幫助，也可能成為無謂爭端的根源。

逆位
我行我素 會造成誤解

自覺好的事物卻朝著負面方向起作用。也顯示出受到嫉妒或誤解的可能性。

	目前狀況	人的心情	問題的原因	未來發展	建言
正位	可靠的運氣／凝聚人望的狀況／希望能力與自身相符的時候	內心有著體貼別人的餘裕／想要做好該做的事／不想撒嬌	無論任何事都想獨力完成／受歡迎而遭到嫉妒／樣樣通樣樣鬆	受到周遭提拔／器量大而贏得人望／可以理解別人的傷痛	保持內心餘裕／就算不拿出幹勁也無所謂／聽取他人的意見
逆位	任性態度／沒有秩序／認為自己很強的狀況／內心沒有餘裕	為無法成為注目焦點而煩躁／只要保持堅決態度，周遭就會屈服／頑固	失去冷靜而失控／自我中心／高傲／過去的經驗行不通	三分鐘熱度／想要爭取主導權／因為嫉妒而偏離正軌	捨棄嫉妒心／切勿過於固執己見／關心周遭是很重要的

	戀愛	工作	待人	其他
正位	令身心燒焦般熱情的愛／有年長風範的女性／具性感魅力的人／貞操觀念	事業、生活兩得意／人脈成為工作的助力／找出這麼做的價值／女性企業家	能坦率地說出煩惱／能積極正向的關係／可靠的人／能分享精神的人	在財富上受惠／充滿魅力／巾幗英雄／不著痕跡地散發魅力／領袖魅力／滋潤
逆位	源於依賴對方的戀情／強烈嫉妒／出軌的誘惑／家庭崩毀／轉嫁責任	公私混淆／厭倦工作內容／互扯後腿／業績競爭／具攻擊性	不考慮到對方／愛發牢騷／愛嫉妒的人／器量狹小／不負責任的關係	總是愛出鋒頭／沒品／不值得信任／多管閒事／欠缺魅力／粗野

權杖國王

* KING of WANDS *

KING of WANDS.

壓倒周遭的領袖魅力

這張牌所描繪的是隨時準備好站起身，手握權杖的國王。其姿勢表現出行動力與領袖魅力，腳邊的沙羅曼達（火蜥蜴）則是熱情與力量的象徵。

正位 以信念 達成事情	現在正是強大力量充滿體內的時候。讓周遭眾人成為自己的夥伴，無論遭遇何種困難，一定都能有結果。

基本 KEYWORD

果敢

展現身心強悍與領導能力。不過必須以牌面謹慎地解讀這種強硬的姿態究竟是吉還是凶。

逆位 強硬地 掌控事物	無論如何都要達成目標的堅強意志，也會成為蒙受批評的火種。有時也可解釋成因過於熱衷而失去正常判斷力的情況。

	目前狀況	人的心情	問題的原因	未來發展	建言
正位	內心游刃有餘的時候／感覺到走運的運氣／可確信未來的狀況	享受人生／擁有成為自身支柱的信念／樂觀的思考	現在著手處理的事情本身存在著問題／不習慣統率他人	立於頂點／發揮領導能力／挑戰新事物	需要領導能力／擁有不可動搖的軸心／應該要有建設性的思考
逆位	忙得不可開交的時候／手忙腳亂的危險狀況	即使硬來也想達成計畫／沒有關心人的餘裕／心情急躁	仰賴權力或地位／誤判時機／性急	無法好好統率他人／失去餘裕，無法好好回顧自己的行動	欲速則不達／做出避免風險的決定／別急躁，做好準備

	戀愛	工作	待人	其他
正位	因為戀愛而每天閃閃發光／只有在女性面前會害羞的男性／熱情且誠實的戀情	投資新生意／開拓新事業／獨立／創業／模範上司／企劃案	互相提點子或提示／互相激勵幹勁／可靠的人／有常識的人	受任何人喜愛／受到刺激／充滿能量／正直／誠實／顧問
逆位	發展過於勉強／關係有風險／強硬且有壓迫感的人／家暴／一夜情	高風險＆低報酬／令周遭畏縮的任性人物／獨裁上司／奧客	交情不到一定以上的深度／關係不穩定／脾氣暴躁，會突然爆發的人／小氣的人	被任何人小心翼翼地對待／乖僻／對他人嚴厲／剛愎自用／頑固

錢幣
* PENTACLE *

帶來物品或財富，大量的豐饒

所謂的錢幣指的就是人類製造的金幣。可藉此交換各式各樣的價值，並因此品嘗到無法單靠自己的力量得到，由其他人創造出的各式各樣的豐饒。

對應的元素為地，呈現出不僅止於財富，還存在於現實中的所有物質。財產、房子、所有的物品、肉體……從日常生活中的各個層面支持著人類的事物。如果缺少這個，就無法構築出生活。

宮廷牌上畫了些什麼？

PAGE
侍者

踏實地累積起存在於眼前的事物

錢幣（地）的侍者（地）非常務實。不會為了得到必要的事物而冒險，而會選擇更安全確實的道路。

KNIGHT
騎士

重視效率與實際利益，腳踏實地活著

錢幣（地）的騎士（風）擁有好奇心與戰略性思考，會選擇最確實而有效率的道路。也擁有不吝惜努力的毅力。

QUEEN
王后

為了守護重要的人而妥貼地打理著生活

錢幣（地）的王后（水）給人賢妻良母的印象。擁有一顆溫暖的心，試圖守護日常生活的安全與和平。

KING
國王

歷經長時間努力，最後終於一償宿願

錢幣（地）的國王（火）不會沒頭沒腦地賭上熱情。而是會長時間持續醞釀，並在最後獲得長久以來想望的事物。

數字牌上畫了些什麼？

一

獲得明確的事物
取得財富或能力等利益
的狀態。

二

在能力範圍內想辦法
以獲得的報酬或擁有的
技能想方設法。

三

被某人選中
力量獲得認同，機會
降臨。

四

獨占酬勞
對努力的結果、獲得的
事物感到滿足。

五

貪婪而適得其反
由於經常得意忘形，而
淪落至飢餓狀態。

六

取回正直的心
藉由反省改頭換面，放
棄獨占的念頭。

七

自我反省
看著努力的結果感到高
興的同時，也需要自省。

八

再次從頭開始
以提升等級為目標，踏
實地努力。

九

獲得一定的評價
能力獲得認同，確立
地位。

十

獲得應當守護的事物
達成獲得自己的城堡與安
居的目標。

POINT

在遭遇挫折後
最終掌握成功的故事

瀏覽錢幣牌組的故事，有勞動、儲蓄、捐贈
或報酬、幸福的家庭……應該能得知是從工
作開始到建立起氣派的房子為止，與財富
相關的內容。半途雖然因為驕傲而落魄潦
倒，卻藉由踏實的努力重新站起，最後獲得
無可撼動的地位與自己的城堡。內容描繪出
與財富、事物的來往方式，和建構社會地位
的方式。

錢幣一

* ACE of PENTACLES *

ACE of PENTACLES.

以確實的力量掌握成功

擺放在一（ACE）的神之手上的是象徵「豐饒」的錢幣。下方擴展開來的美麗庭園深處可見險峻山脈。這是張表現經由努力就能抵達豐裕環境的牌。

正位

發揮力量
獲得豐饒

你擁有足以實現願望的確實力量。至今為止的努力將獲得回報。也可能獲得財富或名聲。

基本 KEYWORD

實力

呈現出努力而獲得的力量。這張牌會顯示出至今為止的努力將會以何種形式回報，以及那份力量的用處。

逆位

以利益為優先，
使努力化為泡影

暗示著滿腦子只考慮利益，而沒採取適當的行動。此外，也有長時間構築起來的重要人脈崩毀的可能性。

	目前狀況	人的心情	問題的原因	未來發展	建言
正位	成功／實行計畫／有臨時收入／再次開始	試圖努力／讓點子具體成形／具體的處理	滿足於現狀／沒有活用才華或財產／沒有察覺欲望	至今為止的努力開花結果／獲得想要的事物／腳踏實地	從辦得到的事開始踏實地做／珍惜具建設性的思考方式／改變想法
逆位	對財務上感到不安／錯誤的開始／準備不足	對實力沒有自信／鬆懈／感覺到有所不足	沒有將來的願景／不做該做的事／金錢觀偏差	往錯誤的方向前進／拜金主義／想法天真而損失慘重	擬定可能實現的計畫／把利益當作附屬品

	戀愛	工作	待人	其他
正位	想法開花結果／穩定地培育愛情／獲得滿足的婚姻／喜獲麟兒／自己的房子	有穩定的工作／獲得大成功／受到有地位之人認同／工作能幹的人	高雅的人／經濟穩定的人／會帶來有益的資訊／會一同用餐的人	獲得某些事物／對未來滿懷熱情／獲得意料之外的成果／健全的福利待遇
逆位	順應情勢發展的戀情／並未獲得滿足的婚姻／婚後變了一個人	損失慘重／大失敗／失去工作／失去機會／放棄目前的地位或頭銜	低俗的人／只有財務往來的關係／試圖一切都用錢來解決／喜歡低俗話題的人	付出代價／為了無關緊要的事物揮霍／執著於地位與身分／浪費才華或財產

錢幣二

* TWO of PENTACLES *

無論面對何種變化都能適應

牌面描繪著雜耍藝人一邊跳舞一邊靈巧地耍弄兩枚錢幣的模樣。呈現出無論面臨何種情況，都能發揮順利處理事情的適應能力與彈性。

正位	面對眼前的事情臨機應變地處理。呈現出事物以好的態勢順利地開始進行。
掌握狀況 採取正確行動	

基本 KEYWORD

柔軟度

這張牌呈現的是有或沒有在任何場面都能靈巧地行動的力量、平衡感。此外也暗示著是否能享受人生。

逆位	無法應對新的變化而感到痛苦的狀態。此外也表現出無法與周遭相處融洽而感到不安。
無法應對狀況 而吃盡苦頭	

	目前狀況	人的心情	問題的原因	未來發展	建言
正位	靈巧地處理／能夠同時處理好兩件事／做著擅長的事情	心情輕鬆／船到橋頭自然直／愉快／專注而沒有雜念	過於靈巧鑽營／過於依賴受歡迎程度／擔心過度	順利採取行動／享受狀況／能做喜歡的事情	拿出服務精神／放輕鬆點接受／珍惜那瞬間
逆位	平衡不佳的狀況／生活紊亂／肩負著各式各樣的事情	無法由衷感到開心／對現況感到厭倦／對人際關係感到壓力	應對隨便／看心情行動／搖擺不定／生活紊亂	步調變慢／停滯／無法取得平衡／忙不過來	不是享受的時候／認真思考／態度不能敷衍隨便

	戀愛	工作	待人	其他
正位	讓對方感到開心很重要／無法預測未來的關係／交給命運／變化豐富的兩人	以出色的應對能力發揮實力／兼任複數工作／同時進行／服務業／自由	對等的關係／善於隨機應變的人／能共享愉快時光的關係／令人忘了時間的愉快交談	演藝人員等受歡迎的職業／娛樂／遊玩／遊戲／臨機應變的應對
逆位	無論發生什麼事都不奇怪／隨便的交往／笑點不同／條件不一致	工作態度差，會遲到或打瞌睡／因為應酬而宿醉／沒有固定職業而游手好閒	不對等的關係／不負責任的人／興趣不合的人／對話頻率不合／有隱情的人	趁人之危／玩過頭、喝過頭等平衡明顯崩潰的狀態／過度

錢幣三

* THREE of PENTACLES *

至今為止的努力成形

臺上站著一名雕刻家，他的技術獲得認同，正被交付重要工作。這是張告訴你至今為止的努力或技術獲得評價等，機會降臨的牌。

正位 培養的力量 獲得評價	至今為止腳踏實地處理的事情似乎獲得了許多人的認同。此外，也有尚未公諸於世的才華受到矚目的意思。

基本 KEYWORD

技術力

代表培養至今的技能。請用牌面的正逆位來解讀那份技藝現在達到何種等級，並會受到何種程度的評價。

逆位 擁有的力量 未獲得評價	明明擁有實力卻遲遲不受周遭評價的狀態。抑或表現出實力尚有不足的情況。

	目前狀況	人的心情	問題的原因	未來發展	建言
正位	受到提拔／與周遭合作／活用經驗／計畫性地進行	有自信／即使意氣用事也要做完／做了辦得到的事情／追求完美	斤斤計較／鋒芒太露／計畫過於繁瑣／過度信任	活躍的機會／才華獲得認同／加入一流的夥伴／擬定計畫	遵守程序／應該取得證照／磨練技能／相信實力
逆位	時機尚未成熟／還有該做的事情／容易犯錯	越發不滿／沒有幹勁／實際體認到自己的窩囊	認知差異／未建立起合作體制／用功不足／沒有認清立場	不走運／容易放棄／連續出錯／不被信任	不受形式束縛／或許是努力不足／再次確認

	戀愛	工作	待人	其他
正位	有才華的人／認真交往／戰略性的接近奏效／以結婚為前提的關係	絕佳的機會／實力獲得評價／意想不到的大幅提拔／晉升或升級／進行指導	公事公辦的關係／在不同領域互相合作的關係／擅長教導的人	不為努力而苦／具創造性的興趣／變成專家／作品獲得認同
逆位	抬不起頭來的關係／單戀／溝通不順暢	沒有工作機會／業績低迷／不成熟／偷工減料而出錯／疏忽	不合作的人／沒抓到重點的應對／無知的人／交談發生意見相左的情況	錯誤的解釋／斤斤計較而不知變通／常在狀況好時放棄／不親切

錢幣四

對於富裕生活的執著

小心翼翼地抱著錢幣的守財奴。繪製在後方的街景彷彿意味著他拘泥於世上的金流。這是張呈現強烈占有欲與對財富執著的牌。

* FOUR of PENTACLES *

	正位
以穩定的利益為優先	為了避免失敗而謹慎採取行動的狀態。雖然穩健，卻也可以說是對事物的執念。

基本 KEYWORD

占有欲

對於物質、權利、穩定等的欲望高漲。請以牌面的正逆位來判斷是否會受到眼前的欲望束縛而倉促採取行動。

	逆位
變得貪婪而迷失自我	總是以利益為優先，很有可能做出錯的行動。此外也代表對金錢的吝嗇態度。

	目前狀況	人的心情	問題的原因	未來發展	建言
正位	穩定的運氣／擔心自己的所有物被搶奪而提心吊膽／執著於利益	想保護重要的事物／想有備無患／想管理日常生活	無法有效活用擁有的資源／執著於現狀而畏懼變化	繼續維持現狀／經濟上變得穩定／過著更節儉的生活	即使滿足物欲也無法解決／感受與人分享的喜悅
逆位	發生障礙的運氣／計畫落空的狀況／被貪婪的人利用的時候	想獲得一切／想支配對方／想利用他人的錢財	吝嗇的態度／變得貪婪／被人討厭而受到妨礙	萬全之計造成反效果／無法稱心如意地進行／重要的人離開	腳踏兩條船而兩頭皆空／使評價下滑的行為是 NG 的／注意妨礙

	戀愛	工作	待人	其他
正位	可預期生活穩定的戀情／與掌權者結婚／差不多該考慮結婚了／開始同居	燃起野心／擴大規模／金融相關的工作／擬定踏實的計畫／掌權者	成功地與大人物建立門路／穩定卻不有趣的關係／努力的人	總是擔心錢的問題／有臨時收入的預感／守護到底／滿足占有欲
逆位	束縛伴侶／害怕失去對方／失去自由的戀情／支配者／過於挑剔	企劃案受到阻撓／獨裁而欠缺彈性／吝於出錢出力而失敗	只考慮自身利益的人／利用他人／互扯後腿的關係／被討厭	使財富發揮作用／追趕錢財／在競爭中落敗而造成損失

錢幣五

隨著情況惡化到來的考驗

兩個人正要通過教堂前方，出於自尊心而不打算在教堂行乞。可說是呈現生存嚴酷的一張牌。

* FIVE of PENTACLES *

正位	
因痛苦的狀況 導致精神上的荒廢	呈現狀況逐漸惡化的狀態。因為孤立無援而心情沉重，變得封閉。散發著需要救贖的悲壯感。

基本 KEYWORD

困難

強烈暗示著物質與精神兩方面缺乏的牌。雖是相當走投無路的情況，但請用牌面的正逆位來判斷之後的發展。

逆位	
由於救贖 而取回希望	至今為止的慘況會逐漸獲得改善。有人向你伸出援手，使得心情也開朗起來。

	目前狀況	人的心情	問題的原因	未來發展	建言
正位	困難阻擋在前方的運氣／沒有救贖的時候／有財務上的煩惱	認為「反正一定不行」而自暴自棄的心態／失去容身之處／疏離感與孤獨感	沒有可依靠的人／健康狀態不佳／感覺到沒有容身之處	痛苦的狀況造訪／運氣不佳／眼高手低	感謝現在擁有的事物／不要自我貶低／坦率地面對欲望
逆位	戰勝困難的運氣／獲得救贖的時候／取回希望	痛苦緩解／發生奇蹟的預感／緊張漸漸紓解	試圖敷衍了事的做事方式／無法坦率地說出「幫幫我」	奇蹟／脫離危機／狀況恢復正常／遇見指導者	不要逞強地求救就能獲得援助／活用公家機關

	戀愛	工作	待人	其他
正位	認為「沒有辦法」的想法／自暴自棄而在一起的情侶／窮人／被冷淡地對待	下下籤／被託付棘手的工作／不幸運／解僱／閉門羹／沒安排預定計畫	互舔傷口的關係／依存／被原本依賴的人拒絕／不走運／總是缺錢的人	內心沒有依靠／感覺到社會冷漠／日常生活中的小小不滿／寺院、教堂
逆位	心意終於相通／瞬間的喜悅／暫時的好兆頭／在演變成分手前和好	在陷入困境時獲救／求職活動／職業訓練／與前輩或上司商量	在緊要關頭協助你的人／分贈／慷慨大方的人／與鄰居互相幫助	找到內心依靠／感覺到人生還有可取之處／日常生活中的小小喜悅

錢幣六

* SIX of PENTACLES *

施予者與被施予者

這張牌描繪著一隻手拿著天秤的掌權者，正賦予人們某些事物的模樣。這是張呈現掌權者內心充滿善意，人們相互接受善意的關係。

正位
提出善意者 與接受者的關聯

這基於「想給予某人某些事物」的心情。或許對方也正等待著某些行動也說不定。

基本 KEYWORD

關聯性

這張牌呈現出人類之間的權力關係。請用牌面的正逆位來考慮究竟有何關聯，以及身處的狀況。

逆位
支配者 與受支配者的關聯

表現出想支配對方的心情的狀態。也可解釋成萌生想束縛喜歡對象的心情。

	目前狀況	人的心情	問題的原因	未來發展	建言
正位	內心游刃有餘的時期／藉由給予他人而獲得機會／深思熟慮的時候	想幫助他人而不求回報／想與人公平地相處／分享結果的喜悅	因為溫柔而受到提防／無法坦率接受他人的善意	親切獲得回報／交易順利地進行／獲得贈禮	別拘泥於表面上的利害得失／重視慷慨／意識到互相合作
逆位	受到不合理對待／湧現對權力的欲望／待人方面的煩惱浮上檯面	想賣對方人情受到感謝／想偏袒／想要獨占	應對方式因人而異／過於期待回報／不合理地對待某人	回報不如預期／以虛偽的姿態受人羨慕／受到嫉妒	虛有其表的善意被揭穿的預感／付出合理的代價

	戀愛	工作	待人	其他
正位	對於奉獻感到喜悅／令人高興的禮物／被表白／愛意被對方接受	在生意上獲得成功／經營業務／獲得獎金／生意興隆／派遣業	擁有共同興趣的朋友／互相幫助的關聯性／共同的朋友／介紹或做仲介	NPO／志工活動／捐贈不需要的物品／節稅手段／支持基礎／適當的管理
逆位	以愛作為交換，追求某些事物／裝成好人／表面的夫妻關係／不對等的支配關係	努力的事情以徒勞無功告終／被迫工作／不合理的評價／黑心企業／賄款	用錢支使他人／試圖取得有利地位／表面上的好人有著另一面	虛有其表的慈善事業或宗教團體／逃漏稅／揮金如土／過度管理

錢幣七

* SEVEN of PENTACLES *

需要看清狀況

一名男子正愁容滿面地凝視著收成的錢幣果實。看似是費了一番苦心，卻無法獲得令人滿意的成果。這張牌暗示著為了成長需跨越的高牆。

正位
改善問題，
邁向下個階段

表現出重新檢視的必要。做法、計畫、匠心……如果能找出改善之處，就可能朝下一個階段邁進。

基本 KEYWORD

成長

這是張暗示著能否跨越無法稱心如意的現實，朝前方邁進的牌。請注意牌面的正逆位或出現位置。

逆位
懷著不安，
漫不經心地度過

或許對自己評價過高了。也可解讀成漫不經心地處理事情，但熱忱或所下的工夫不足。

	目前狀況	人的心情	問題的原因	未來發展	建言
正位	重新審視狀況／立足於結果上放眼將來的時候／收到報酬	想盡力做到最好／思考更好的方法／尋找下一個目標	做法錯誤／應用無效／焚膏繼晷地工作	穩健地進步／面對岔路／休息一下，重新擬定戰略	不用做太大改變，只要以現在的做法再下點工夫就行了／不要立刻放棄
逆位	逐漸衰退的運氣／無法脫離現狀／沒有計畫而煩悶	對一切馬虎隨便／對自己評價過高／對現況感到不滿	沒有幹勁／自我感覺低落／沒有計畫的／生產效率低／資金不足	無法成長而焦慮／沒有伴隨著結果／陷於千篇一律的模式	以全新的做法再次挑戰／從失敗中學習／切勿不滿

	戀愛	工作	待人	其他
正位	目睹理想與現實間的差異／思考將來／將關係提升到下一階段	與努力相符的成果／藉由深思熟慮而得到提示／採取戰略性的行動／從改善現狀開始	退開一步保持些距離的關係／互相指出對方的優點／有上進心的人物／從交談間發現提示	估價或審核／以現實角度思考／償還賒帳／擬定對策／回報／有願景
逆位	愛抱怨的人／騎驢找馬／可有可無的戀情／盡是不滿的對象	什麼也不做，盡是抱怨／只做別人交代的事的人／算盤打得太過天真／過於期待而氣餒	以怨恨或偏見連結的關係／即使在一起也沒有任何獲益的人／死要錢	總是覺得「真好」地羨慕他人／貶低他人的發言／賴帳／沒有願景

錢幣八

可以靠著忍耐與努力而獲得的事物

看似認真的工匠默默地製造著錢幣，他身後的城鎮意味著他的工作獲得人們認同的日子到來。這是張顯示努力累積的牌。

* EIGHT of PENTACLES *

正位
專心處理
眼前的事情

專注力高。藉由朝著目標埋頭努力，而學會確實的技能，一步步朝著成功邁進。

基本 KEYWORD

修行

暗示著為了抵達目標所做的踏實努力。請用牌面的正逆位判斷是否有一心一意地努力，還是偏向鬆懈的那一方。

逆位
無法專注於
眼前的事情上

各式各樣的阻撓導致注意力渙散的狀態。看似認真在做，其實或許在混水摸魚。

	目前狀況	人的心情	問題的原因	未來發展	建言
正位	磨練自我的運氣／應該專注於眼前的事情／是絕不妥協，貫徹到底的時期	朝著目標勇往直前／全神貫注埋首其中／幹勁十足	看不見周遭／在得到結果為止需耗費漫長時間	得到良好的結果／遇見良師／努力的最後獲得成功／取得證照	反覆累積很重要／有禮貌地應對／並非自學而學習到正確的知識
逆位	停滯的運氣／容易錯過時機／雜念過多無法專注	焦躁不已／只掩飾表面／隨便／只要不被揭穿就好	敷衍的應對／方向錯誤／偷工減料／緊迫盯人的聯繫	沒能達成約定／被每天的生活逼得喘不過氣／因為散漫而沒產生結果	心無旁騖，專注於一件事上／不要糾纏不休／在時間管理上下工夫

	戀愛	工作	待人	其他
正位	拚上全部精力／勤快聯繫／不著痕跡的關心／笨拙卻耿直的人	預習與複習很重要／專家／身為藝術家的才華開花結果／拜師／重視堅持	雖然不懂得看氣氛但本性善良的人／努力的人／反應很快／會擔心對方的關係	累積分數／抵達合格線／比起利害得失，貫徹堅持比較重要
逆位	意中人有其他情人／半吊子且不誠實的態度／被跟蹤狂纏上	趕不上期限／錯誤百出的文件／吝於出力／模仿別人的哏	只在有事才會聯絡的人／厚臉皮／自私自利的關係／厭煩的對話	持續做著不做也沒差的事／不好的生活習慣／吝惜出錢出力／放高利貸

錢幣九

* NINE of PENTACLES *

馴服了象徵智慧的遊隼的優雅女子，其身後城堡般的建築物，彷彿證明了她的身分之高。意味著藉由魅力或才華贏得成功。

正位	顯示出藉由周遭的提拔而掌握了成功。也會伴隨著獨立或獲得確實的位置等報酬。
受到提拔而成功	

基本 KEYWORD

達成

顯示出藉由至今為止的努力，而達到一定的結果。請用牌面的正逆位解讀該怎麼做才能更上一層樓。

逆位	暗示著試圖藉由造假或謊言掌握成功。結果可能會導致被周遭放棄、孤立。
以謊言或造假謀取成功	

	目前狀況	人的心情	問題的原因	未來發展	建言
正位	幸運降臨的運氣／更上一層樓的時候／獲得意想不到的援助	心情游刃有餘／在與人的交流中感受到喜悅／萌生自信	充滿自信的態度導致反彈／後盾的存在帶來的問題	遇見有權勢者／獲得援助而獨立／能活用才華的狀況／成為情侶	心懷感激地接受他人援助／獲得他人提拔也是一種實力
逆位	謊言氾濫的運氣／被壞念頭牽引的傾向／被人放棄的狀態	想討人喜歡／畏懼壞事會曝光／拘泥於地位	至今為止說過的所有謊言／金錢至上主義／野心過剩／厚顏無恥	失去至今為止支持自己的人／失去好感而被厭惡／謊言被揭穿	別試圖班門弄斧／謊言只會令自己痛苦

	戀愛	工作	待人	其他
正位	戀愛開花結果／受到追求／被伴侶溺愛／金龜婿／透過戀愛獲得地位	投資或貸款／才能受到賞識／獨立創業／出現出資者／一帆風順地出人頭地	有人望的人／受到許多人支持／聰明的交際／成為社會地位的關係	從人際關係產生機會／洗鍊的言行舉止／時髦／特種行業
逆位	假裝愛著／以財富為目標的關係／結婚詐欺／出軌／婚外情關係／在家中遭到孤立	說謊湊錢／做壞事賺錢／自信過剩的態度使夥伴離去／失去力量	錢盡緣分斷／依自己方便利用對方／滿口謊言的人／想提防的關係	因為對人態度成問題而下臺／權力鬥爭／辦公室政治／贗品／出於虛榮的行動

錢幣十

* TEN of PENTACLES *

從過去延續至未來的事物

牌面上描繪過著富裕生活的家庭。中央的男人手持魔法權杖，是從左方的老人手中繼承的力量嗎？ 這可說是張表現繼承或繁榮的牌。

正位	藉由繼承遺產增加財富，透過某人
以繼承的事物 維持穩定繁榮	傳承的技能獲得成功，變得愈來愈富裕的狀態。

基本 KEYWORD

繼承

以孩子、青年、老人這樣的家庭所呈現的是跨越世代繼承的事物。請用牌面的正逆位來解讀那將會帶來什麼影響。

逆位	呈現繼承的事物沒能充分發揮效
繼承的事物 面臨極限	用、甚至引發爭端，化為負面資產的狀態。

	目前狀況	人的心情	問題的原因	未來發展	建言
正位	由於繼承某些事物而發展的運氣／應當重視傳統文化的狀況	想守護重要事物的心情／一切掌握於手中的安心感／對結果感到滿意	斷定只要維持現況就沒有問題／過度拘泥於規矩	被交付重責大任／家人增加／獲得財產／生活變得富裕	善盡職責／以普通人的幸福為目標／重視形式
逆位	由於繼承某些事物而引發爭端／被迫承擔重任的狀況	不想繼續下去的心境／認為現況是沉重的負擔／消極負面	沒有積極處理被交付的事務／偏袒自己人／漏看事物	因特留分或繼承權衍生出的爭端／財務管理失敗／離不開父母	劃清界線的舉止／切勿驕傲／重新審視財務管理

	戀愛	工作	待人	其他
正位	有生活能力的人／介紹給家人／開始一起生活／意識到結婚／獲得孩子	企劃案以成功作收／團結一致／大企業或行政機關／循規蹈矩的企業	以強烈的向心力連結的人／家人或親戚／有長年信任基礎的關係／團隊活動	能做好財務管理／靠投資增加財富／買房子／收到遺產／一族的繁榮
逆位	對於財物而感到不安的人／戀父情結、戀母情結／前途不明朗的關係／家庭問題影響到戀情	領導人不在的職場／過於天真的評價／沒有確實地將人或財務管理好的環境	圍繞著財務問題的家庭紛爭／自制力薄弱的人／拘泥於世俗／以過去的功績為傲	做不好財務管理／失去房子／背負貸款／有損失或失竊的危險／被家庭束縛

錢幣侍者

以學習照亮未來

少年目不轉睛地凝視著雙手捧起的錢幣，看起來非常熱衷於研究且勤奮。不用著急，只要學習各式各樣的技能，將來就很有可能盛大地開花結果。

• PAGE of PENTACLES •

PAGE of PENTACLES.

| | 正位 花時間累積 | 你正在踏實地面對某些事物吧。這張牌暗示的是此時花費的時間，將會在日後大大派上用場。 |

基本 KEYWORD

誠摯

面對事物認真處理的狀態。呈現出未來的狀況會受到處理的方式左右。

| | 逆位 盡是浪費時間 | 表現出盡是在無謂地浪費時間。似乎需要稍微加快腳步或是改善做法。 |

	目前狀況	人的心情	問題的原因	未來發展	建言
正位	努力的時候／學習某些事物的時候／現在累積的事物會在日後成為強項	想實現目標／想認真學習／探究心旺盛／對證照感興趣	認真卻造成反效果／總是看到他人的缺點／有些斤斤計較	朝著希望的出路前進／踏實地朝著目標邁進／加強知識或本領	不要焦急，花時間努力／現在的奮鬥會成為未來的力量／選擇安全的道路
逆位	經常浪費的運氣／略顯逃避現實／容易拖延該做的事情的時候	無法理解狀況／有著毫無根據的自信，而不採取行動	只動嘴而不做事／假設出錯／經驗不足	對希望的出路死心／切身體會到經驗不足／思緒沒有定見	需要更多經驗／不要自命不凡／捨棄天真的想法

	戀愛	工作	待人	其他
正位	花時間發展的戀情／情緒逐漸高漲／耿直的對象／累積見面次數	擁有上進心／專心致志地提升技能／打工／應徵工作／籌措安排	對對方感到好奇／認真的對話／能指謫缺點的交情／觀察力高的人／一絲不苟	明確的知識／聰明／工人／想賺錢／讀書／研究喜歡的事情／見習
逆位	一廂情願的戀情／不成熟而幼稚的對象／對他人的心情很遲鈍／行動過慢而錯過戀情	被眼前的利益束縛／在意他人出人頭地／不現實的企劃／能力不足	無論經過多少年都毫無起色的關係／選擇輕鬆道路的人／被人說「派不上用場」	沒有惡意的誤會／無法成長的環境／重考生／浪費許多時間／想法天真

錢幣騎士

以勤勉態度開拓命運

跨坐在黑馬上，身披鎧甲的〈錢幣騎士〉。他眺望遠方的模樣，
就像在想像著成功的未來。可說是張表現出勤勉努力的牌。

KNIGHT of PENTACLES.

正位	你似乎能將目前處理的事務堅持到最後一刻。有時也可解釋成需要忍耐力與責任感的意思。
貫徹始終	

基本 KEYWORD

現實性

暗示著藉由準確的行動推動事物。牌面的正逆位會呈現出正在處理的事情會有什麼結果。

逆位	防守意識過強，而沒有什麼好的變化。正在處理的事情或許會不知不覺間變成慣性。
以維持現狀告終	

	目前狀況	人的心情	問題的原因	未來發展	建言
正位	踏實前進的運氣／應該專注於一件事情上的時候／需要努力的狀況	責任感強，不想敷衍了事／變得謹慎／天真無邪	責任感過強／過於努力／工作過度／忠誠心造成反效果	能夠接受的狀況／踏實的努力開花結果／獲得周遭的信任／做到最後	踏實地累積／一點一點地確實前進／在內心描繪成功的願景
逆位	停滯狀態的運氣／遲遲沒有進展的狀況／有喋喋不休的傾向的時候	拘泥於自己的想法／沒有點子／畏懼挑戰	努力不足／不得要領／遲鈍而不機靈／過於堅持守勢	耗費的時間白費／因習慣而持續／持續緊抓著現況	再加快腳步／鼓起勇氣挑戰／改善墮落的生活

	戀愛	工作	待人	其他
正位	畏縮不前／害羞的人／害怕一頭栽進戀愛中／具包容力／忍耐	受到信任而交付任務／培養確實的能力／取得證照／認真地工作／獲得報酬	能相互勉勵的關係／一起學習些什麼／絕對不會背叛的對象／建立於長年信任基礎的羈絆	慷慨大方／比起速度更重視品質／努力而獲得回報／應該獨立的時候
逆位	過於謹慎，狀況沒有發展／窩囊的對象／無聊的心情／千篇一律的關係	無法被放心地交付任務／一本正經地應對／停滯／不划算／過於趨向守勢	互扯後腿的關係／不可靠的對象／想追求輕鬆的對象／單一模式化	吝嗇／半吊子的努力全以徒勞告終／慢吞吞／不獨立

錢幣王后

* QUEEN of PENTACLES *

以母親般的溫柔掌握幸福

用平靜表情凝視著錢幣的王后。腳邊（右下）的兔子是豐饒的象徵。這張牌為我們描繪出如母親般接受一切的慈愛胸懷，送來了財富與幸運。

QUEEN of PENTACLES.

| 正位 | 感覺到為了某人而盡力的喜悅。不只影響對方，也會給自己帶來好的影響，創造出堅強。 |

藉由培育，自己也得以成長

基本 KEYWORD
寬容

這是張表現出接納重要之人、度量有多麼深厚的牌。請用牌面的正逆位解讀想要幫助對方的心情會造成何種影響。

| 逆位 | 照單全收會造成反效果。自己一味地盡心盡力會使對方變得依賴，而變成一同墮落的狀態。 |

姑息寵溺只會毀滅彼此

	目前狀況	人的心情	問題的原因	未來發展	建言
正位	穩定的運氣／構築某些事物的時候／培育人才的時候／舒適的狀態	即使花費時間還是想穩健地完成／想為他人盡一分力／想要培育	寬容造成反效果／無懈可擊／受到周遭嫉妒／號召力不足	環境整潔／出現協助者／目標成形	首先從形式著手／做好萬全準備／累積知識與教養
逆位	沒有發展的運氣／對其他事忙不過來／不得要領的狀態	被逼到絕境／不知道為什麼不順利／沒有回報	做法錯誤／從根本就偏差了／將軟弱誤認為溫柔	往輕鬆的方向去／沒有得到期望的結果／軟弱的自己不被接納	區分溫柔與寵溺的差別／別把自己逼得太緊／改變方法

	戀愛	工作	待人	其他
正位	平穩的戀情／機靈的女性／賢妻良母／培養對象／延續到結婚的關係	互相協助的職場夥伴／培植部下／舒適的職場環境／有可靠的上司在／關心	彌補過錯／困難時互相幫助的關係／有貴婦感的人／小小的禮物	好母親／良好的家庭關係／高尚的興趣／高級名牌／幸福的家庭／內在的小孩
逆位	戀慕之心無法傳達出去／方便的關係／窩囊的對象／有情人／傾注的愛白費	經常做白工的職場／不培養部下／假裝忙碌／不得要領的人	單方面的對話／愛慕虛榮而奢侈浪費的人／小氣的人／總是發牢騷而不求進步的關係	不檢點的母親／遲鈍／笨拙得令周遭感到煩躁／亂花錢／庶民派

錢幣國王

以自身實力引導他人

神情沉穩地手握錢幣，端坐在王座上的國王。周遭的植物是手中財富的象徵。身為國王，如何為了眾人運用手中的事物是一道課題。

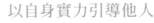

* KING of PENTACLES *

KING of PENTACLES.

正位	
試圖讓自己的力量派上用場	順利地運用著自身的力量。希望以自己辦得到的事幫上他人的忙，或是置身於這樣的立場上。

基本 KEYWORD
貢獻

牌面的正逆位暗示著能否順利活用自己所擁有的知識、能力、財富、人脈或時間等各式各樣的財產。

逆位	
沒有善加活用自己的力量	沒有將自身力量發揮到百分之百的狀態。沒有靈活運用財富或能力，並未達成受周遭期待的職責。

	目前狀況	人的心情	問題的原因	未來發展	建言
正位	似乎能交出成績單的狀況／應該別著急，注意細節的運氣／財運提升	想幫上他人的忙／想要分享／想學習／想仔細思考	言行的壓迫感／過於偏重結果／試圖管理他人	確實做出成績／獲得相應的報酬與地位／有所貢獻	憑己力斟酌採取行動／既然要做就要以成功為目標／意識到錢財
逆位	不滿足的狀況／不諳世事／有揮霍或拖延的傾向	不知道怎麼做才好／為自己派不上用場而著急／不滿足	對一切都沒有自信／事關重大而膽怯／說不出意見	想法天真而失去原本擁有的事物／迷失現實／沒有活用技能	掌握社會潮流／關注多數派／活用狂熱的性格

	戀愛	工作	待人	其他
正位	富裕的人／成為對方的力量／條件良好／有包容力的男性／延續到未來／長久持續	具商業敏銳度／獲得利益／經營者／資產運用／雙方的好處／有益的智慧	對彼此都有利的關係／在財務面上能給予贊助的人／能信任的人	自有房產／學者／財主／專家／苦幹實幹／被人需要
逆位	寡言的人／不有趣的人／內心沒有獲得滿足／想更加受到依賴／拖泥帶水地持續著	沒有自信／未活用專業知識／被眼前的事物侷限住／強迫推銷	話不投機／見了面也覺得無聊的關係／古板而遲鈍的人／難以信任的人／力量不足	租賃物件／御宅族／沒有意義的事物／無法應用而派不上用場／放棄也是很重要的時候

寶劍
• SWORD •

以智慧和語言來溝通

寶劍是在確立了石器與金屬加工技術後誕生的工具。換言之，可以說是人類智慧的象徵。除了作為方便切砍物品的工具，同時也是有可能傷害人類的可怕工具。

對應的元素為風，風也象徵了智慧和語言，寶劍不只會傷害肉體，言語或策略同樣也可以認定為能傷害精神的無形刀刃。

宮廷牌上畫了些什麼？

PAGE of SWORDS.

PAGE
侍者

反覆思索，以備難以預期的事態

寶劍（風）的侍者（地）是聰明的現實派。極為小心謹慎，會將自身智慧用於防禦「敵人存在與否」、「自己會不會吃虧」上。

KNIGHT of SWORDS.

KNIGHT
騎士

如風一般四處奔走，以證明自己是正確的

寶劍（風）的騎士（風）是對自己的聰慧有所自覺的自信之士。為了證明自己的智慧與能幹，會專心一意地自我推銷。

QUEEN of SWORDS.

QUEEN
王后

過度理解對方心情的力量

寶劍（風）的王后（水）擁有看透對方內心的洞察力，與將其當作自己的事情一般的同理能力。雖然聰穎，卻也有容易受傷的傾向。

KING of SWORDS.

KING
國王

為達到目的，會充分發揮智慧

寶劍（風）的國王（火）具有冷靜端詳狀況的判斷力。會為了貫徹自身意志，而充分發揮這份能力。

數字牌上畫了些什麼？

浮現點子
以自己想出的事情為基礎，開始開拓道路。

很快就遇到障礙
在兩件事之間煩惱、糾葛不已。

受到打擊
原以為擺脫了迷惘，卻又面臨衝擊性的發展。

獨處休息
受到重創後，需要安靜休養的時間。

滿懷策略
受過傷之後，變得疑神疑鬼，開始玩弄權謀。

獲得全新價值觀之旅
藉由反省改頭換面，放棄獨占的念頭。

剽竊他人的想法
偷取別人的事物，試圖加以活用。

周遭全是敵人
無法獲得周遭的贊同，而陷入孤立狀態。

永無止境的自問自答
對於「自己的想法難道是錯誤的？」感到恐懼。

陳舊思想的終結
在接受過去的一切之後，看見覺察之光。

POINT

思考的變遷
與蛻變的故事

寶劍牌組所描繪的是抉擇、策略、打擊與臆斷等各式各樣智慧性思考。只要將看似疼痛的牌面，當作思考或內在的念頭，應該就很容易理解。固執於某個想法的結果，就會走往錯誤的方向或者感受到極限；而最後一張牌面的黎明降臨，則顯示出陳舊想法死亡之後，就會誕生新的價值觀。

寶劍一

ACE of SWORDS

以自己的力量贏得未來

神之手握著寶劍，劍尖上有著象徵勝利的王冠。從背景的險峻山脈可得知這絕非輕鬆的道路，是張呈現以強韌精神力克服嚴苛情況的牌。

ACE of SWORDS.

正位
開關 以達成目標

你正想要挑戰新的事物。即使面對至今從未接觸過的領域，也抱持著積極挑戰的心情。

基本 KEYWORD

開拓

讓心煥然一新，正要走上不同以往的道路的狀態。請用牌面的正逆位來判斷能否正確地使用知識，是否失控。

逆位
強硬態度 招致毀滅

不考慮壞處，而以自身利益為優先採取行動的狀態。朝著不好的方向前進，最後可能會導致自己毀滅。

	目前狀況	人的心情	問題的原因	未來發展	建言
正位	應該採取行動的狀況／跨越困難／憑一己之力達成的時候	下定決心／面對勝負／強烈的野心／想導正不法的行為	過度強調正論／鐵面無私，沒血沒淚／大膽的決定造成反效果	出現新的道路／跨越逆境／獲得權力／贏得勝利	整合周遭意見／擠出最後的力量／面對問題
逆位	無法挽回的事態／遭受沉重打擊／強硬的行動招致反感	認為無論採取何種手段都無妨／玩弄策略／想破壞什麼	蠻幹／自暴自棄／具破壞力的行為／不把對方當人看的暴力態度	胡來的行動導致不好的結果／一切白費工夫／輸掉勝負	強硬推行會有危險／暫時撤退／活用至今為止的努力

	戀愛	工作	待人	其他
正位	態度冷酷／斬斷幻想／戰勝情敵／想得到對方的強烈想法	確實擬定計畫而成功／運用頭腦擺脫困境／揭發不法行為	聰明而有邏輯的人／沒有虛假的關係／有執行能力／客觀的意見交換／合乎邏輯地談話	支配管理的立場／交付領導職務／善惡基準／遵循法律／審判／手術
逆位	順應情感失控／無視於對方的心情／試圖試探周遭而失敗／家暴	重大損失／有難度的計畫／沒人跟隨／濫用職權／職權騷擾／不當解僱	態度粗野／口吐狂言／無法修復的爭執／出現妨礙者／關係惡化	自己精疲一切／不正視現實／致命性的判斷失誤／迷失應當前進的道路

寶劍二

無法決定而猶豫不決

雙手持劍的女子，蒙住雙眼是因為有不想面對的事物，還是想要隱藏自己的真正想法呢？ 兩把寶劍或許暗示著左右為難的狀態。

* TWO of SWORDS *

| 正位 |
| 以平靜的心 保持和諧 |

面對眼前的問題，不要勉強做出結論，而是維持現狀。藉由斟酌時機，就能恢復內心平靜。

基本 KEYWORD

糾葛

面臨複數選項或是真心話與表面話落差等，不知所措的狀態。請用牌面的正逆位解讀延後決策的話會如何發展。

| 逆位 |
| 只想敷衍了事 而走投無路 |

不面對問題的本質，採取暫時應付的方式應對，會有失敗的可能性。原本認定已經結束的問題也可能重新浮上檯面。

	目前狀況	人的心情	問題的原因	未來發展	建言
正位	從慌張中恢復的冷靜狀況／問題正逐漸收尾	平靜的心境／不安消失／能接受不同事物的心境	過於冷靜地判斷／過於懂事造成反效果／只有自己知道的真相	解決問題／不再煩惱／恢復冷靜／接受真相	不要急於做出結論／理性比感性更重要／現在先保持平衡
逆位	走投無路的狀況／有壓抑感／無法認同自己的情感	不想正視現實／希望任何人都別理會自己／欺騙自己／不想決定	對情感視而不見／疏遠他人的態度／不正視真相	眼界變得狹隘而固執／人們離去／遭到背叛／拒絕做決定	區分事實與妄想／小心會撒謊的對象／別再逃避

	戀愛	工作	待人	其他
正位	萌生戀慕之情／與比自己小的對象的緣分／與對方之間的平衡很重要	順利解決麻煩／和諧平穩的職場／藝術相關的工作／觀望情況	平穩的人際關係／總是很溫柔的人／觀望對方的態度以取得平衡／修復關係	接受與自己不同的意見／洗刷汙名／思考妥協方案／以心看事情
逆位	裝作對喜歡的人不感興趣而被討厭／幼稚的愛情表現／假裝成熟的態度／婚姻詐欺	口才好又能幹地應付／誤以為一切順利／背信的行為／檯面下的陰謀／吹牛	處於左右為難的立場而痛苦／不知道該相信誰／有人對自己說謊	主動邁入逆境卻不自知／緊閉心房，只看自己想看的事物／詐欺

寶劍三

* THREE of SWORDS *

受到傷害的悲傷之心

象徵愛或心臟的愛心被三把寶劍穿過，並淋著代表悲傷的雨。這是張暗示著發生令內心深受傷害的震驚事件的牌。

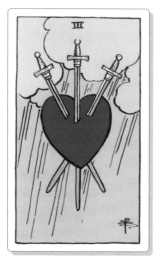

| 正位 接受事物的核心 | 確實理解了不想得知的事實、並非本意的狀況。雖然處於失意狀態，卻也試圖邁出步伐。 |

基本 KEYWORD

疼痛

因為令人不忍直視的現實受到打擊，請用牌面的正逆位來解讀會如何接受這樣的狀況。

| 逆位 拒絕真相 而掙扎痛苦 | 因大受打擊的事件而陷入混亂狀態。由於無法接受眼前的現實，可能使得痛苦延長。 |

	目前狀況	人的心情	問題的原因	未來發展	建言
正位	烏雲籠罩的運氣／面臨麻煩／受到打擊	雖然痛苦但仍試圖接受／想要割捨某些事物	一直不願正視的問題／誤判本質／偏離重點	無可避免的別離／問題與麻煩一起有了結果／內心受傷	現在正是成長的時刻／只要冷靜，就可以看見光芒／忍耐
逆位	無法正視現實／難以接受的狀況／混亂而缺乏冷靜	不好的妄想擴展開來／一心想要逃避現實／拒絕一切	自己令自己痛苦／失去平常心／內心矛盾	知道了不想知道的事情／無法整理內心／想拒絕的事情	不要陷入被害妄想中／首先要整理心情／視接受方式而定

	戀愛	工作	待人	其他
正位	被撕裂的愛／發現出軌或三角關係／學習疼痛的戀情／精神上成熟的人	簡報失敗／公事公辦的態度／機械式的作業／不錄用／辭職	總是爭執的關係／措辭不當／與競爭對手互相爭奪／沒有益處的人	接受事實／只要接受痛楚就能逐漸好轉／裁縫／服裝相關／外科手術
逆位	強烈嫉妒／不好的妄想／認為自己遭到背叛／害怕失戀／不想承認的結束	惡劣的工作環境／無法處理好情報／不知變通／犯錯／損失	無論如何都無法接受／強烈抗拒／招致混亂的人／對話朝不好的方向進行	妄想會衍生妄想／認為「只有自己」的偏見／不合理的境遇／與重要的人分離

寶劍四

* FOUR of SWORDS *

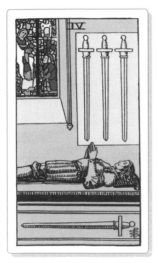

休息是為了走更遠的路

騎士雕像閉上雙眼躺著，雙手在胸口合十，是因為在祈禱著什麼嗎？ 是張表現安靜休息或獨處時間的牌。

正位
安靜休息 調整態勢

正位是「休養中」的表現，事物有減速的傾向。不過在這段期間也獲得了思考的時間。

基本 KEYWORD

恢復

這是張呈現強烈的身心疲勞與從此恢復狀態的牌。為了迎接之後的發展，這時重整態勢是很重要的。

逆位
做好準備 再次啟動

逆位是「修復完成」的表現。可認為是休息時間結束，迎向甦醒的時刻，並邁向重新啟動的階段。

	目前狀況	人的心情	問題的原因	未來發展	建言
正位	暫時停滯／需要保養或休息的時候／放鬆的時間	想要獨處的時間／想睡覺／想休息／懷念回憶	疲勞累積／身體狀況不佳／顧著忙碌而沒有面對自己	被迫暫時停止／需要休養的狀態／停電	預留審視自己的時間／偶爾要休息／首先該睡一覺
逆位	重新啟動／開始行動的運氣／漫長的休息結束／體力、精神飽滿	想行動／茅塞頓開的醒悟／以重整旗鼓為目標	懶洋洋的遲滯狀態／沒有開始的勇氣／過於悠哉	重新開始／調整好狀況／體力恢復／可以行動的狀況	時機到來時重新開始／休息過頭就會更懶得動／切勿偷懶休息

	戀愛	工作	待人	其他
正位	應該保持距離／暫時停止爭執或結婚話題／獨處以確認真實想法	重新擺好架勢／暫時擱置為佳／取得特休／因退休或產假而離開工作	即使什麼都沒說也能彼此理解的關係／絕妙的距離感／能給予冷靜建議的人	優良的睡眠品質／按摩或芳療的療癒／安靜的地點／為將來做準備／住院／掃墓
逆位	疏遠的關係重新動起來／踐踏彼此的禁忌／發現自己真正喜歡的人	休假結束／克服空白期／展開新體制／復職／原本擱置的案子開始啟動	升級到新的關係／有所發現的對話／說出至今為止沒能說出口的話	消除壓力／朝著未來開始行動／脫離遲滯狀態／出院

寶劍五

* FIVE of SWORDS *

一名立起寶劍的男人望著戰敗的其他兩人。這裡剛才似乎發生過某些爭執，咧嘴而笑的男人姿態與險惡的雲形呈現出「空虛的勝利」。

正位 不擇手段 強取豪奪	表現出不擇手段也想達成目的的決心。想必不會吝於使用策略，極度狡猾而具戰略性。

基本 KEYWORD

混亂

產生某些爭端，導致狀況混亂至極。請將牌面的正位解讀為掠奪的一方，逆位解讀為被侵略的一方。

逆位 重要的事物 被奪走	由於出乎意料的陷阱或意外，導致失去重要事物的狀態。原因或許是自己的能力不足或輕忽大意。

	目前狀況	人的心情	問題的原因	未來發展	建言
正位	爭鬥的漩渦中／顧不了那麼多的狀況／不容許一絲空隙	只要自己好就好／想欺騙對方／不想手下留情	欺騙他人／過多的謀略／對於比自己弱的對手態度差勁	等著你的是爭端／需要智慧的時候／策略／被引誘去做壞事	擬定周詳的作戰計畫／捨棄慈悲或天真想法／些許的狡猾是必須的
逆位	敗戰／充斥著他人惡意的狀況／可能落入陷阱／危險正在接近	悲慘的心情／敗北感／不體面的感受／失去重要事物的悲傷	防守不嚴／期待對方手下留情／不可靠的狀態／評價過高	失去信用的事件／準備不足而自取滅亡／被騙走重要的事物	以備損失／重新確實擬定計畫／比起進攻不如轉而防守

	戀愛	工作	待人	其他
正位	奪取他人的意中人／戰略性地推動戀情／粗魯地對待伴侶	使用不法的手段／強硬地造成既定事實／將他人作為墊腳石／把人逼入絕境	會使詭計的夥伴／派系鬥爭／互相排擠／自私自利的人／令人以不能大意的關係	征服的一方／搶奪他人的事物／偏離人道的行徑／在暗地裡竊笑／勝之不武／小偷
逆位	察覺遭背叛或欺騙／被情人戴綠帽／悲慘的感受／鬱悶的戀情	功勞被搶／遭到剝竊／感覺到敵意的環境／受到職權騷擾或霸凌	叛徒的存在／造成某人犧牲／只有在有利時才會態度強硬的人／狡猾而阿諛奉承的人	敗北的一方／遭搶／忍氣吞聲／不合理的立場／失竊／粗心大意

寶劍六

SIX of SWORDS

脫離糟糕的現況

男人划著船，前方坐著一對母子。會低著頭隱藏臉部，是因為捨棄了一切逃跑嗎？牌面表現出的是隨波逐流，前往新天地的情景。

正位
脫離 困難狀況

呈現出逐漸脫離困境。此外，船隻這個象徵，也表現出旅行或搬家等「移動」事項。

基本 **KEYWORD**

中途

身處從目前所在地點前往下一個地點的船隻上，這張牌暗示著情況處於過渡期。請進一步試著用牌面的正逆位深入解讀前方等待著你的情況。

逆位
倒回 從前的困境

暗示著無法逃離困難狀況，或是重返一度以為已經脫離的環境。

	目前狀況	人的心情	問題的原因	未來發展	建言
正位	麻煩遠離的運氣／脫離現況／朝好的方向前進	鬆了一口氣／三十六計走為上策／在未來一點一點地看見希望	斬斷過去的弊害／遠離對方／關於搬遷或旅行的事情	朝下個階段邁進／脫離困難的狀況／病情逐漸好轉	比現在的地點更新的地方為佳／改變看法／暫時避難觀望狀況
逆位	被捲入麻煩的運氣／不知道會怎麼樣／心裡沒底的狀況	想要拋棄一切／無法逃脫的恐懼／強烈後悔／內心起伏	即使想逃也逃不掉的狀況／來回兜圈子／人際關係的糾紛	看似要風雲變色的未來／困難重返／無法徹底逃脫／疾病復發	自暴自棄是 NG 的／做好即使逃避也無法改變任何事情的心理準備

	戀愛	工作	待人	其他
正位	有新的邂逅／能共享價值觀的戀情／私奔／有人伸出援手	事物開始上軌道／新計畫／步驟很重要／出差或調職／搬遷／跳槽	擁有相同夢想或目標的對象／互相理解的關係／想法溝通得很順暢／在旅行地遇見的人	出發／踏上歸途／有人前來迎接／返鄉／掉頭／搬家／某人踏上旅途
逆位	化為泥沼的關係／如同連續劇般波濤洶湧的發展／不可依賴的人物／四處碰壁	受到連累／因為麻煩而走投無路／重新審視計畫／靠不住的人物	尷尬的對話／暫時保持距離為佳／招致麻煩的關係／在旅行地起爭執	疾病、事故、延遲、借款等各種麻煩／擾亂內心的事件／動彈不得

寶劍七

• SEVEN of SWORDS •

隱藏起來策劃詭計

牌面上描繪著一個一邊回過頭，一邊帶著寶劍試圖逃跑的男人。遠方雖然有人影，但似乎尚未察覺。這是張暗示著「不法」或「不義」的牌。

正位
偷偷摸摸地 在暗地裡策劃

在不讓任何人發現的情況下密謀詭計。有時也可解釋成逃離責任以明哲保身。這是張鋌而走險的牌。

基本 KEYWORD

背叛

代表著狡詐、欺騙、偷竊等人類的虧心事。請用牌面的正逆位判斷是自己做出這種事，或是承受了他人的惡意。

逆位
察覺危險， 做好萬全準備

察覺他人的惡意，提升警戒心。萬全的準備奏效，事情將會安全地進行。也可解釋成協助他人。

	目前狀況	人的心情	問題的原因	未來發展	建言
正位	動手做壞事／暗地裡展施詭計／不法盛行的運氣	內心掛念著某事／有做了壞事的自覺／瞧不起他人	肩負重大風險的行為／一時衝動／形跡可疑的人物／不好的傳聞	重要的事物被偷／被競爭對手搶先／欺騙他人的狀況	不法行為之後會受到慘痛教訓／注意鬼鬼祟祟的人／小心詐欺
逆位	能在千鈞一髮之際迴避危險的運氣／有意想不到的發現的時候	內心的阻礙被去除／感謝幫助自己的人／想謹慎行事	畏懼風險／變得過於神經質／關於謝罪的麻煩	安全進行／迴避危機／獲得好建議	應該坦率地道歉／盡可能採取安全的方法／傾聽他人的建議

	戀愛	工作	待人	其他
正位	不誠實／雙面人／出軌的對象／情人被搶走／偷看手機或行事曆	傳出壞名聲／間諜行為／洩漏機密資訊／詐欺或盜領等財務上的不法行徑／連夜逃跑	拿了好處就逃跑的人／洩漏祕密／以情報操縱他人／誘導對方失言	不舒暢的狀態／趁人之危／挪用某物／小心失竊或闖空門
逆位	超乎預期的戀情／偶然遇見的出色對象／改善關係／表達感謝的心情	防範麻煩於未然的應對方式／建議奏效／負責指導／收集情報是關鍵	伸出援手／商量煩惱／交換有益的情報／他人的話語成為迴避危機的提示	舒暢的狀態／不抱期待的好消息／幫助人為佳／湧出好的智慧的時候

寶劍八

* EIGHT of SWORDS *

受到束縛失去自由

眼睛被蒙住、身體被綁起來的女子被寶劍包圍著。但仔細一看，周遭並沒有守衛，腳也是可以活動的。這張牌暗示著被束縛的並非身體，而是內心。

正位	
在痛苦的狀況下等待救援	隱藏著認為自己沒有力量，希望他人救援的想法。當事人受到無力感與孤獨感折磨，似乎步寸難行。

基本 KEYWORD

忍耐

被逼上絕境，靜靜忍耐的狀態。請用牌面的正逆位來想像其心境如何。

逆位	
在沒有後援的狀況下胡鬧	處於孤立無援的狀態下而感到焦躁。認為不應該是這樣，抵抗著這狀況的同時，也心懷強烈的受害者意識，認為錯的是周遭的人。

	目前狀況	人的心情	問題的原因	未來發展	建言
正位	災難的運氣／受拘束的環境／來自周遭的過度干涉／受人嫉妒	期待著他人前來救援／沒有做任何事的意願／活得很辛苦	沒有察覺重要的事情／錢財不足／過於期待他人	考驗忍耐力的事件／暫時不得不忍耐／不自由的狀況	束縛你的人是你自己／不要被他人玩弄／禁止臆測
逆位	並非本意的狀況／孤立／對於周遭的不滿爆發的時候	不應該是這樣／遭背叛而受打擊／想法拘泥固執	過於在意他人目光／浪費許多時間／沒有認真思考解決的對策	只會越發焦躁的發展／沒有察覺自己的過失／無法克服現況	首先要承認自己的過錯／遷怒周遭是不對的／放棄也是必要的

	戀愛	工作	待人	其他
正位	「都是對方害的」的想法／沉醉於悲劇或妄想中／被虐狂／束縛的關係	規矩很多的職場／嚴格的管理體制／被塞了工作或責任／受到監視	被害妄想很嚴重的人／沒辦法明確表達意見的關係／沒精神／受到干涉而苦悶／誹謗中傷	沒有認清現實／自以為中了陷阱／債務不履行／過多的行李／狹窄的地點
逆位	被猜忌束縛／在一起就會累積壓力的關係／意氣用事地不願分手／不願道歉	遇到意外／受到不合理的對待／突然的免職或解僱／陰險的人物	明確表達意見的人／帶刺的態度／會令對方內心受挫的發言／水火不容	無論怎麼逃都逃不掉／虛度光陰／受到非法制的事態

寶劍九

令人想搗住眼睛的悲傷

女子坐在床上嘆息。不知道是作了惡夢，還是出於絕望而徹夜哭泣呢……這是張呈現悲傷、不安、罪惡感的牌。不過同時也暗示了從此處甦醒的意思。

| 正位 無法挽回的絕望 | 表現出強烈的後悔，「如果那時候這麼做就好了」。一個勁兒地想著這件事，持續自責而看不見周圍。 |

基本 KEYWORD
苦悶

受到負面情緒影響而悶悶不樂的狀態。請用牌面的配置來解讀這份情緒是針對自己，還是朝向他人。

| 逆位 不想面對糟糕的狀況 | 從現實上別過視線，不想面對問題的本質。只將責任歸咎於他人、裝作沒發生過，或是顧影自憐。 |

	目前狀況	人的心情	問題的原因	未來發展	建言
正位	處於絕望中的運氣／因為悲傷而夜不成眠的狀態／容易受傷的時候	失去事物的悲傷／後悔越發強烈／滿腦子都是那件事	對於重要的事物察覺得太遲／強烈的打擊／罪惡感／自我厭惡	察覺重要的事物／不能成眠的夜晚會過去，黎明即將到來	在後悔之前先採取行動／察覺現在擁有的幸福／再忍耐一會兒
逆位	被害妄想很嚴重的時候／受到負面臆斷束縛	認為自己很可憐／不承認失態／想將過錯歸咎於他人	將自己的事束之高閣／對他人有競爭意識／壓抑悲傷	因為憎恨而失控／以懷疑的眼光看待他人／失去理解你的人	不要逃避問題／冷靜地正視現實／具建設性的應對

	戀愛	工作	待人	其他
正位	瀕臨分手的緊要關頭／不想失去的重要之人／擔心對方而睡不著／自責而感到後悔	緊張與不安化為刀刃／連夢中都在工作／反芻過去的失敗	無論何時都很冷靜的人／戳中痛點的發言／在言談中察覺重要的事情	受到衝擊而失去幹勁／神經衰弱／失眠症／收到訃文／解決問題
逆位	懷疑對方／感覺到悔恨的戀情／掙扎著想重新振作／以自己為恥	犯了丟臉的失誤／幻想有人在扯自己的後腿／受流言所擾	為了自我防衛而攻擊別人／心胸狹窄的人／冷酷的發言／因為對話而傷了人	將憤怒化為原動力／沒完沒了的造謠或傳聞／從妄想產生的誤會／打算接受憐憫

寶劍十

* TEN of SWORDS *

為了開始的結束

身體被十把寶劍插著的男人。圖案乍看之下不祥，但仔細一看，可見陰暗的天空正要放晴。這張牌表現的是藉由接受現實，而獲得光明的未來。

正位 接受一切後 前進	完全接受自己的弱點或身處狀況的狀態，也可說是開悟的境界。結果會讓你往下一個階段邁進。

基本 KEYWORD

岔路

這是張顯示分岔路口的牌。是會前進，還是停留在該處，會依接受現況的程度而定。

逆位 只往對自己 好的方向看	沒做好心理準備，無法接受對自己而言不好的事情。結果就是仍然無法脫離妄想世界。

	目前狀況	人的心情	問題的原因	未來發展	建言
正位	人生的岔路／接受一切疼痛的狀態／開始朝著未來前進	內心的迷霧消散／能夠肯定過去的一切／開悟	還需要一點時間／沒有改變心情的契機／看不見未來	從谷底爬上來／精神上的成長／痛苦的原因消失／事態好轉	狀態不會繼續惡化，可以放心／想法一轉，脫胎換骨
逆位	暫時好轉的運氣／無法肯定的現況／置身於對自己好的夢中	處於激動狀態，理解方式錯誤／陶醉於自怨自艾中	將小事誇張化／沉浸於過剩的自我陶醉之中	持續緊抓著舊環境不放／才以為好轉了又立刻開倒車	別再繼續抱怨個不停／脫離「受害者」角色／回過神來

	戀愛	工作	待人	其他
正位	跨越戀愛的痛苦／關係的分岔路口／透過戀愛醒悟／接受對方的一切	失敗為成功之母／脫離最糟的狀態／正視自己的失態並反省／尋找新的道路	即使爭吵也維持著的關係／知曉內在與外在兩種面貌／接受缺點／能長久往來的對象	拚死命去處理事情／真心受到了考驗／想法逐漸改變／從頭開始
逆位	沉浸於悲劇收場的戀愛中／妄想戀愛運很差／重蹈覆轍／誤解他人的情感	一再失敗／不承認過失／臨場湊合著應對／巧妙閃避問題核心	只想展現好的一面／自尊心高而加以掩飾的人／無法推心置腹的關係／客套話	絕望地大吵大鬧／即使外表改變，心情仍然不變／權宜之計

寶劍侍者

◆ PAGE of SWORDS ◆

冷靜地分析現狀

青年手持寶劍，以銳利的視線回望身後。從頭頂上方飛過的鳥群表現出他的精神力之高。這是張顯示出連一觸即發的狀況也能應對的謹慎與分析能力的牌。

PAGE of SWORDS.

正位	屏氣凝神地調查周遭的情況，有時
看清狀況	也顯示需要暗中進行某事的狀況。
小心謹慎	危機意識非常高。

基本 KEYWORD

警戒

表現出提防著不知道會發生什麼狀況的警戒心。請用牌面的正逆位來解讀警戒心的高低。

逆位	雖然有警戒心，卻突顯出防守不周
防備顯得有些	全的問題。比如說不小心曝了光、
不嚴謹	說出不謹慎的話來。或許會因為一
	時大意而失去重要的事物。

	目前狀況	人的心情	問題的原因	未來發展	建言
正位	需要調查某些事物的狀況／暴風雨前的寧靜／面對考驗	想防備難以預料的事態／無論何時都想抱持警戒	不對人示弱／頭腦聰明，考慮過多／準備太過周全成反效果	懷有重大祕密／面臨考驗／察覺危險／冷靜地克服	重視效率／安靜且不引人注目地行動／保守祕密
逆位	祕密快被發現／大意會喪命的時候／力量遭到考驗	想法天真／猜忌／無論對任何事都持反抗態度／看法一針見血	不謹慎的言行舉止／不受人信任／祕密被揭穿／被騙	被掌握弱點／暗中動手腳被發現／失去信用／情報外洩	小心不留神而失誤／做好萬全準備／不要自顧自地說自己的事比較好

	戀愛	工作	待人	其他
正位	享受策略／知識豐富的人物／想了解彼此的戀情／談著刻意保密的戀情	工作上切割清楚／交涉款項／脫離危機／在閒話家常中獲得資訊／辦公室談判	理解彼此的狀況／知道對方的弱點／保持若即若離的距離感／能說出真心話	了解包括弱點在內的自己／有緊張感的氛圍／查明真相／反應過敏
逆位	無法捨棄懷疑的對象／抱持神祕主義的人物／冷靜而欠缺氣氛／不能公諸於世的戀情	計畫滿是漏洞／點子被偷／被危機逼上絕境／因為謊言或傳聞而自我毀滅	相互試探想法／共享祕密／令人無法放鬆的對象／被人目睹不想看見的場面	欺騙自己／自尊心高／關於自己的真相被人摸透

寶劍騎士

* KNIGHT of SWORDS *

毫不迷惘地朝著目的衝刺

騎著白馬馳騁的騎士，視線筆直地朝著前方。高舉的寶劍是他意志與自信的展現。是象徵毫不迷惘地向前衝，內心強悍與勇敢的一張牌。

KNIGHT of SWORDS.

正位	
條理分明地下定決心前進	不花多餘工夫，試圖以最短路線朝著目標衝刺。為了做出具合理性的判斷，而不會流於私情。

基本 KEYWORD

果敢

表現出為了獲得目標，毫不猶豫地向前衝。請用牌面的正逆位來解讀這究竟會是吉還是凶。

逆位	
招致無謂的爭端	與其說是進攻，倒不如說挑釁意味濃厚，因此也會引發無謂的麻煩。似乎也有急於立功的一面。

	目前狀況	人的心情	問題的原因	未來發展	建言
正位	應該迅速採取行動的時候／面臨下決定的狀況／容易變化的運氣	想要敏捷俐落地前進／爭鬥心／想將一切確實處理好／不流於私情	事物發展迅速／過於好戰的態度／欠缺情感／菁英意識	採取行動的時機／從根本重新審視的事件／爭辯的機會	不要錯過時機／省略無謂的事物，具合理性／排除情感下判斷
逆位	出乎意料的變化／容易四處引發爭執的狀況	焦急／失去自制力／不嘗試理解他人／器量狹小	傷害對方／貿然斷定／滿口歪理／慌張失措	與他人爭吵／生活變忙碌／發生無法朝目標前進的情況	別再強詞奪理／避免無謂的爭端／忙碌時更要冷靜

	戀愛	工作	待人	其他
正位	以大膽的接近追到對方／順應心情猛衝／能引領自己的男性／速度第一	思考著不造成浪費的做法／菁英／擬定計畫再付諸實行／有先見之明	節奏明快的對話／擅長辯論的人／拓展交友關係／靠對話縮短距離	神出鬼沒／高度的分析能力與專注力／迅速判斷／收集情報是關鍵／容易改變的心情
逆位	盲目的戀愛／無心的話語傷害到對方／單方面的愛情／欠缺細膩度／腳踏兩條船	遭到客訴／做著無成果的努力／膽怯／過於焦急而連續出錯	單方面的主張／起爭執／不認輸的態度受到責難／因為誤會擦身而過的關係	躲藏起來／自戀的人／對名牌貨有所堅持／評論家／自私任性的態度

寶劍王后

• QUEEN of SWORDS •

QUEEN of SWORDS.

凝視著現實採取正確行動

坐在王座上,目不轉睛地看著前方的王后。右手握著的寶劍指向天空,左手則打算接受所有過錯。可說是一張同時擁有嚴厲與溫柔兩種面向的牌。

正位
以正確的言行舉止令人敬佩

認為「應該這麼做」時,就會毫不迷惘地貫徹意志。不會自命不凡,在發言時也會考慮到他人處境,因此能獲得周遭的贊同。

基本 KEYWORD

正確

如同銳利的寶劍所顯示,表現出果斷而正確地掌握核心的力量。請用牌面的正逆位來解讀會如何使用這份力量。

逆位
為了自我防衛的武裝

只為了保護自己而使用鋒利的才智。對於傷害自己的事物會毫不留情地攻擊,對於人情也十分冷淡。

	目前狀況	人的心情	問題的原因	未來發展	建言
正位	聰明地採取行動的運氣／想貫徹意志的衝動／只看著現實	不隨波逐流的強烈意志／想傳達真相／比起夢想更重視實現性	讓異性無法靠近的氛圍／態度疏離／壓抑的情感／孤單寂寞	明確地表達意志／開始學習／變成孤單一人／關係解除	坦率地表達心情／多表現出個性來／獨處的時間是必要的
逆位	在某些事情上做過頭／容易陷入歇斯底里／防衛過度	拘泥於勝負／焦躁地認為必須振作才行／情緒緊繃	缺乏冷靜／不可愛的個性／總是在批評／不會道歉	無法鬆懈的狀況／只追求結果／因為勉強導致搞壞身體	不要散發渾身帶刺的氛圍／想批評就要先準備替代方案／意識到保持笑容

	戀愛	工作	待人	其他
正位	令男性無法接近的女性／知性魅力提升／藉由交談加深感情／離婚／不孕	迅速應對／壓低成本／遠離妨礙工作的人／下達適當的判斷	博學多聞的人／知性的對話／可以說出 NO 的關係／以發言或文章打動人心	讚頌單身／女權／難以親近的氛圍／適當的理財計畫／銳利物品
逆位	裝腔作勢的態度／故作純真／個性強烈的對象／關係降溫／懷疑對方出軌	滿口批評的人／負面宣傳／氣氛緊張的職場／不會誇獎人的上司	令人內心受挫的措辭／薄情寡義的人物／尷尬的關係／歇斯底里的應對	難以應付的個性／對於自己與他人都很嚴厲／手拙／因為不安而膽怯

寶劍國王

✴ KING of SWORDS ✴

KING of SWORDS.

以冷靜的判斷得出答案

以嚴肅表情面對正前方的國王，從至今為止身經百戰的歷練中，相信自己是正確的。手中的寶劍表現出絕不容許求情或敷衍了事的嚴厲態度。

| 正位 以客觀的分析 作判斷 | 無論何種場合都會客觀地看清狀況，做出恰當的判斷。總是要求自身保持公正，不可流於自私自利。 |

基本 KEYWORD

嚴格

這是張不會受到一時的情感左右，看清現實做出恰當判斷的牌。請用牌面的正逆位來解讀這是基於何種心理。

| 逆位 獨裁地 守護威嚴 | 所擁有的智慧只會用於保護自己的狀態。甚至會殘酷地排除不順應心意的人，不承認自己的過錯。 |

	目前狀況	人的心情	問題的原因	未來發展	建言
正位	充滿自信的狀態／應該下決定採取行動的運氣／克服混亂	精神力高漲／考慮大家的利益／反覆地摸索	抱持著不信任感／一針見血的分析傷到他人／撲克臉	遇見精神上的老師／為了正義而戰／為了未來展開行動	抱持自信地前進／嚴厲也是一種愛的形式／活用過去的經驗
逆位	嚴峻的狀況／不受人敬慕而孤立／有做出偏離正軌行為的傾向	認為自己才是正確的／想排除任何無用的事物	充滿獨斷與偏見的觀點／殘忍的言行舉止／不承認自己的過錯	自作多情招致危機／遇見無情的人／為了面子而固執己見	體諒他人／採納必要的意見／極端的行動是 NG 的

	戀愛	工作	待人	其他
正位	有智慧的男性／平等關係／無拘無束的冷靜關係／因商量煩惱而發展的戀情／兩人都在工作	應對麻煩的能力／掌權者／領導人／豐富的點子／新企劃／能幹的商人	好的商量對象／找出解決方案／有益的客觀建議／冷靜而帥氣的人	腦筋轉得快／如果有需要就戰鬥／即使被人說出嚴厲的話語也能接受／暢快
逆位	冷酷的男性／自私的對象／因為小問題而導致婚約解除／算盤打得過精的人	獨裁者／有流於自私自利的傾向／不承認失敗／試圖搶人功勞的人	不聽人說話／擅自作結並結束對話／將對方視為無足輕重的人物對待	容易暴怒／發動戰爭／無法接受不合理的發言／令人不暢快的結束方式

聖杯
• CUP •

水

代表無形流動的愛或情感

　　杯子是用來盛裝液體的工具。而「聖杯」如同其名，是用於獻祭給神的儀式、交杯締結契約的婚姻儀式等各式場合上的神聖物品。

　　對應的元素為水。無固定形狀而流動，能夠滲透進任何地方的水代表的是豐沛的情感。請用牌面確認注入杯中的水將呈現何種情況。

宮廷牌上畫了些什麼？

PAGE of CUPS.

PAGE
侍者

以質樸的愛情表現，
不加矯飾地活著

聖杯（水）的侍者（地）就連對小事也會感到喜悅，享受著日常生活。會以物品、錢財或餐點等事物來表現愛情。

KNIGHT of CUPS.

KNIGHT
騎士

將內心想法
直接傳達給他人

聖杯（水）的騎士（風）會明確地將自己所想的事情用話語傳達出來。因此常有浪漫的表現。

QUEEN of CUPS.

QUEEN
王后

針對他人
無限湧出的溫柔

聖杯（水）的王后（水）擁有滿溢的愛情。無論是任何人都以溫柔而沒有差別的態度對待。會以感動或淚水來表現愛情。

KING of CUPS.

KING
國王

以行動表達
存在於心中的愛

聖杯（水）的國王（火）擁有溫柔的心，並積極表現出來。會以行動表明愛與溫柔。

數字牌上畫了些什麼？

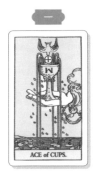

一

隱隱萌生的愛
隱藏在心中、對某人的愛滿溢而出。

二

與某人互相理解
品嘗到與他人心靈相通的喜悅。

三

產生同袍情誼
萌生夥伴意識，明白心有同感的快樂。

四

對愛感到厭倦
覺得平穩的幸福千篇一律而任性起來。

五

迷失幸福
回過神來發現失去了重要的事物，沉浸在悲傷中。

六

意識到逝去的愛
回首過去，痛切體會到重要事物的意義。

七

真心追求的愛
尋找能成為內心依靠的新目標。

八

追求新的愛情
下一個舞臺，正要邁向未來的階段。

九

接受一切
無論是好還是壞，全都感到驕傲。

十

充滿幸福感
獲得了充滿愛意的平穩內心。

POINT

萌芽的愛所歷經的故事

聖杯象徵著人心。感同身受、想與誰互相理解，全都可說是出於水元素的衝動。正因為如此，聖杯牌上描繪了喜悅、悲傷、悸動……等形形色色的情感。一連串的牌描繪出在自己內心萌芽的愛意會如何表現的過程。在最後與自己分享愛情的是家人，這點也令人覺得很有意思。

聖杯一

* ACE of CUPS *

ACE of CUPS.

歌頌愛的美好

從 A（ACE）的神之手上的聖杯流出的水，象徵著充滿慈愛的內心。正要衝進聖杯的白鴿則是和平與幸福的使者。這是張表現出精神上充實的牌。

正位 **充滿愛與希望**	精神上十分滿足。暗示著喜悅與幸福感盈滿胸口，能令人感覺到愛的事件降臨。也可解釋成幸福造訪的預兆。

基本 KEYWORD
愛的力量

代表愛與和平。請用牌面的正逆位，來解讀能否因為與愛情有關，如願實現期望的未來，還是會以失意告終。

逆位 **因失落感而感到空虛**	暗示著無法感受到愛情，遭到失落感侵襲。也可解釋成無法獲得期望的結果而感到失望，或內心不穩定的狀態。

	目前狀況	人的心情	問題的原因	未來發展	建言
正位	有滿足感的運氣／與人們心意相通／產生愛意	比平時還要坦率／關注在意的異性／滿足的感覺	因直接地表現自我而樹敵／無法澈底隱藏願望	找到熱衷的事物／戀慕心開啟開關／和平到來	別忘了感謝的心情／坦率地表現自我／構築起親密關係
逆位	內心空洞／缺乏溫柔的狀況／什麼都無法思考的時候	希望別人不理睬自己／不被他人接受／單是自己的事就忙得不可開交	過度計較／不體貼／隱藏心情	失去未來的希望／事物不順心如意／戀情冷卻	想太多的可能性很高／別做出違背自己情感的行動

	戀愛	工作	待人	其他
正位	遇見新的異性／被愛籠罩，感覺到幸福／美好的婚姻／著迷的對象	活用人脈／得到贊助者／像家一樣的職場／有財源／實現目標／優秀的部下	內心成長／締結強烈羈絆／親密關係／想好好相處的對象	有豐富的喜怒哀樂／情操教育／與某人心靈相繫／實現心願／對陌生人親切
逆位	明明是兩個人卻感到孤單／無法接受心情／以單戀告終的戀情／失戀	交涉回到原點／沒有回報的工作／財源陷入危機／失去人脈／以白忙一場告終	只展現虛假的自己／彼此都不想扯上關係／好意反而徒增麻煩的人／排他性	精神恍惚／失去有感情的事物／被失意吞噬／氣餒／分離／放空狀態

聖杯二

* TWO of CUPS *

愛與羈絆萌芽的時刻

頭戴花環的男女互相舉杯。代表睿智與療癒的有翼獅子荷米斯之杖，看起來就像鴛鴦傘。這是張象徵人與人之間羈絆與信任的牌。

正位
建立良好的
信賴關係

與周遭共享真心話，朝著目標互相合作的時刻。體認到人與人之間聯繫的重要，構築起夥伴關係。

基本 KEYWORD
互相理解

顯示出對人際關係的熱情及人與人之間的聯繫。牌面的正逆位會告訴你正確面對周遭的方式。

逆位
內心
頑固地緊閉

暗示著出於不信任感，而無法對周遭敞開心房。也可解釋成執著於單一事物或人，導致思考一面倒的狀況。

	目前狀況	人的心情	問題的原因	未來發展	建言
正位	逐漸萌生愛意／想法變得明確的時候／實際感覺到聯繫的時候	感動／由衷想要與他人建立關係／感覺到親切或魅力	性感魅力或戀愛情感阻撓／過於開放的接觸方式	戀愛順利實現／表白或被表白／獲得協助者／和解	加深對彼此的理解／和解為佳／互相說出真心話
逆位	被周遭孤立的狀況／別人不接近的時候／喪失熱情	心情冷卻／無法相信／察覺到對方的不協調感	封閉內心／排他性的做法／對他人的不信任感／依賴心	產生不信任的念頭／無法獲得理解／發生難以原諒的狀況	不要說出真心話比較好／切勿過度期待／不要盲目信任

	戀愛	工作	待人	其他
正位	從一見鍾情展開的戀情／相親相愛的關係／感覺到性感魅力的人／登記入籍／訂婚／新婚	以順利地產生共鳴為目的／交涉成立／夥伴關係／可信任的人／契約	推心置腹地交談／和好／有安心感且穩定的人際關係／協助者	互相幫助／同性間的友誼／協調／愛情／超越性別的羈絆／心心相映
逆位	因盤算或計算展開交往／虛有其表的戀情／無性／解除婚約／假結婚	對方不搭理自己的話／意見不一致／留下不滿的協定／抱持不信任感的人	被捲入麻煩中／意見爭執／無法理解心情／合不來的關係	單方面的交情／不協調／意見不合／人際關係的麻煩／聯絡出錯

聖杯三

THREE of CUPS

想要分享喜悅的衝動

三名少女踏著輕快的步伐，慶祝著豐收。至今為止的辛苦與努力終於開花結果。這是張表現出與他人共享喜悅的美好的牌。

正位	藉由與夥伴一起行動，感覺到成功造訪。連帶感變成羈絆，充滿想舉杯慶賀的心情。
與夥伴共同慶祝喜悅	

基本 KEYWORD
共鳴

暗示著與人共同行動。請根據牌面的正逆位，判斷那究竟是對自己或周遭帶來好的變化，或是壞的影響。

逆位	與夥伴一同沉浸在享樂而成慣性的每一天。暗示著毫無成效的交談與行動只是在浪費時間。
沉浸於怠惰的快樂中	

	目前狀況	人的心情	問題的原因	未來發展	建言
正位	有事慶祝的時候／獲得成果的運氣／明亮晴朗的狀態	想與某人共享喜悅／明朗愉快／由衷感到歡喜	過於仰賴團隊合作／滿足現狀／難以離開的環境	獲得長久想望的成果／有可以開心交談的朋友／舉辦派對	應該跟朋友相聚轉換心情／多動動身體／加入夥伴
逆位	以空歡喜一場告終的時候／什麼也沒開始／沒有保留充分的時間	感到空虛／得意忘形／流於輕鬆享樂／失望	總是在玩而沒有努力／害怕單獨行動／貪得無厭	就結果而言又回到最初的狀態／失去分寸／馬上放棄	不要太過分／從三分鐘熱度畢業／切勿奢侈

	戀愛	工作	待人	其他
正位	參加聯誼活動／能令內心愉快的戀情／很相配的情侶／療癒系／聯誼	企劃案成功／契約成立／解決問題／團隊合作／慶功宴	待在一起能讓心情愉快／談笑風生／酒友／夥伴意識／神清氣爽的人	獲得想要的事物／慶祝／誕生／內心的悶氣消除／找到尋找的事物
逆位	外遇／熱得快冷得也快的戀情／不誠實的關係／悔婚／內心冷淡的人	沒有結論的會議／功虧一簣／工作重來／以例行公事的態度完成／不感興趣的人	感情雖好卻有些不暢快／串通一氣／吊兒郎當的關係／窩囊的人	沒達成目的／玩過頭／不檢點的生活／不養生／身體狀況惡化／成人病

聖杯四

* FOUR of CUPS *

為了脫離無聊而邁出一步

男人靠著樹幹坐著、看起來很無聊的樣子。從他連遞到眼前的杯子都沒發現的模樣看來，他採取停止思考、不打算正視眼前狀況的態度。

正位 心懷不滿 而悶悶不樂	陷入對自我懷疑的狀態，認為「這樣下去真的可以嗎？」表現出看不見未來的展望，心懷迷惘的情況。

基本 KEYWORD
倦怠

表現的是走投無路或對現況感到厭倦。請用牌面的正逆位來思考自己究竟只是悶在心裡，還是能將不滿轉換成力量。

逆位 找出解決不滿 的方案	從鬱悶的狀態轉而找出解決方案。能朝著理想，漂亮地改變想法或行動。

	目前狀況	人的心情	問題的原因	未來發展	建言
正位	批判或憤世嫉俗的程度越發嚴重／無法澈底放棄的狀況／焦急掙扎的狀態	無止境的不滿／明知道這樣下去不行，卻得不出答案	一直往不好的方向想／將自己的行為合理化	煩躁感累積／對現狀感到苦悶／察覺不到幸運的狀況	不能安於現狀／整理思緒，認清自己想做什麼
逆位	設法找出解決方案／能踏出一步的運氣／轉換方向的時候	看往新的方向／想放下令人不安的原因／想解決現況	放棄解決問題而試圖逃跑／輕易地認定只要能改變現況就行了	著手改善或改革／朝著新環境做準備／開始行動	消愁解悶／藉由跳槽、搬家等改變想法／從辦得到的事情開始

	戀愛	工作	待人	其他
正位	陷入倦怠期／對目前的關係感到懷疑的戀情／變得膽怯而無法有進展／易怒的人	找藉口矇混過去／微妙的結果／甘於忍受有所不滿的環境／愛發牢騷的人	在一起時感到痛苦／無聊且難以忍受／滿是抱怨的對話／心懷煩惱的人	負面思考／維持現況／慣例、窮途末路／擬定點子／居於守勢
逆位	交往機會降臨／猶豫消失／朝著新戀情展開行動／不同的道路	提出異動或調職／著手新企劃／獲得協助者／新的邂逅／辭職	從其他角度提出意見／建立新的人脈／提升到高等級／協助者	想法開朗／解決事物／新的開始／結束壞習慣／憑靈感行動

聖杯五

＊ FIVE of CUPS ＊

在失去之後又獲得新的事物

男人看著倒下的聖杯悲嘆。話雖如此，在他身後仍有兩個聖杯，希望的燈火尚未熄滅。只不過需要改變一些看法——這張牌如此宣告。

正位	
因失去的悲傷而置身於後悔中	想著失去的事物，受到強烈的失落感所折磨的狀態。也暗示著終日沉浸於悲嘆中，沒有好好正視現實的情況。

基本 KEYWORD

喪失

顯示出失去重要事物的情況。請用牌面的正逆位及出現的位置，判斷究竟會從中學習到什麼，或該如何採取行動。

逆位	
面對全新局勢重振旗鼓	以留給自己的事物，以及失去後反而獲得的事物為養分，重新開始行動。也可解釋成洞察力在身處逆境時反而更為敏銳。

	目前狀況	人的心情	問題的原因	未來發展	建言
正位	被悲傷擊垮的時候／即將失去一切的狀況／絕望	想讓時間倒流／對無可挽回的事物感到悲傷／自我嫌惡	沒有冷靜判斷／不正視現實／遺漏可能性	仰賴虛幻的希望／無可奈何地展開行動／存在繼承問題	冷靜地掌握現狀／大哭一場直到滿意／察覺遺漏的事物
逆位	面對新局勢的運氣／察覺到現況有利之處的時候／做好覺悟的時候	冷靜下來／試著接受痛苦的現實／結束悔恨向前邁進	指望他人／不打算靠自己的力量完成／重新評估不足	找出其他方向／朝著新的可能性採取行動／獨立	需要重來／應該要更加努力／不要感到畏懼

	戀愛	工作	待人	其他
正位	進展得不順利／失去後才意識到重要性／期待落空的戀情／失戀／人工流產	投資失敗／重大損失／失去工作／受到連累／看不清大局的人	無可奈何地往來／氣氛變得消極／只察覺到眼前事情的人	後悔莫及／遺失重要的事物／情緒不穩／斷絕關係／血緣問題／計畫中斷／挫折
逆位	從戀愛的打擊中重新振作／斬斷現在的關係／與過去告別／重新來過	為了取回損失而重振旗鼓／組織重整／外部監察／採取觀察／市場調察	彼此激勵／交談中有許多覺察或成果／展現諸多可能性的人	下定決心／跨越糾葛／重整態勢再次開始／振奮／希望

聖杯六

* SIX of CUPS *

回顧過去的美好回憶

在裝滿花朵的聖杯面前滿臉喜悅的孩子們，象徵的正是天真無邪時期的自己。喚醒對於逝去時光的懷念、感傷，是象徵溫暖過去的一張牌。

| 正位 |
| 內心充滿 |
| 懷念之情 |

回顧往昔、懷舊的情緒。溫暖且溫柔的記憶盈滿內心。這也是試圖回到赤子之心療癒精神的暗示。

基本 KEYWORD
內心淨化

過去的事件在腦海中復甦，令人懷念。牌面的正逆位暗示著你從過去的經驗中獲得什麼，又該如何活用。

| 逆位 |
| 無法捨棄 |
| 過去的記憶 |

受到過去的心理創傷或榮耀束縛，而無法邁向新的道路。有時也可解釋成捨棄幼稚的撒嬌或依賴心的必要。

	目前狀況	人的心情	問題的原因	未來發展	建言
正位	往昔回憶復甦的時候／回想起遺忘的純真心靈的時候	沉浸於鄉愁中／如孩童般天真無邪／感慨很深	忘記重要的事情／事事算計／與家人之間的關係	互贈禮物／墜入單純的戀愛中／與令人懷念的對象重逢	從過去的記憶中獲得提示／應該回歸初衷／珍惜與家人共度的時光
逆位	執著於過去／無法成長而停滯的運氣／緊抓著什麼不放	產生對人的依賴心／一直回想著過去的事而不願面向前方	無法清算過去／依賴他人／沒有區隔開來思考	重蹈覆轍／迷失目標／將人拉回過去的事件	著眼於新的邂逅／放棄依賴／切勿多愁善感

	戀愛	工作	待人	其他
正位	墜入酸酸甜甜的戀情中／主動為了對方鞠躬盡瘁／舊情人／初戀／天真爛漫的人	像家一樣的職場／回到原點／過去的經驗派上用場／前同事／前公司／和解	由衷享受對話／與懷念的朋友重逢／孩子氣的人／兒時玩伴／同學會	美好回憶／幸福的記憶／年幼時代／出生地／舊識／幸福的家庭形象／贈禮
逆位	無法捨棄過去的事情／沒有察覺新的邂逅／互相依存的戀情／受利用的關係	一如既往的方法／清算過去重新開始／從失敗中獲得／不主動積極的人	遇見有孽緣的對象／聊起令人感傷的話題／封閉的人／互舔傷口	回憶被美化／過往的榮耀／失敗重蹈覆轍／無法成長／戀愛運差

聖杯七

* SEVEN of CUPS *

被夢境迷惑，迷失了原本的希望

智慧之蛇、榮譽花冠等充滿魅力的寶物排列在眼前，然而聖杯遠在雲端上。表現出在現實中什麼也還沒獲得，只是沉浸於甜美的妄想中。

正位	
沉迷而迷失於夢境中	這個也想要、那個也想要的，作白日夢傾向的狀態。暗示著並不清楚自己真正的願望為何而無法採取行動。

基本 KEYWORD

夢境

表現出描繪的夢想或目標。牌面的正逆位分別顯示出會受理想束縛而以不正視現實告終，或是能朝著實現夢想邁出步伐。

逆位	
為了實現夢想而下決定	定下目標，為了該如何朝目標採取行動而擬定方針的狀態。具備不讓夢最後變成一場空的行動力。

	目前狀況	人的心情	問題的原因	未來發展	建言
正位	如同置身於夢境的運氣／沉浸於妄想的狀態／有迷失現實的傾向	覺得這個也好、那個也好，無法決定／沒有現實感	選項或誘惑眾多／無法正視現實／貪得無厭，什麼都想要	敗給誘惑／迷失自我／陷入悲劇主角的情緒中／眼花撩亂	不需要更多選項／自我陶醉很危險／別再負面思考
逆位	試圖面對問題的狀態／能夠做出現實的選擇／下決定的時候	不再迷惘／消除內心的煩悶／決心穩固／清醒過來	決定出錯／選項中沒有正確答案／被負面想像侷限	看見應該前進的道路／願望成為現實／恢復原本的自己	不要再迷惘，下定決心／看著現實做決定／決定優先順序

	戀愛	工作	待人	其他
正位	戲劇般的戀情／沉醉於悲戀中／將對方過於理想化／見異思遷的戀慕心／內心迷茫不知所措	想擴展範圍卻失敗／貪婪／不可能實現的計畫／花言巧語的人	增加話題／不勉強的對話／追求笑聲的人／互相追求刺激的關係	隨心所欲地選擇／深思熟慮／流於理想／行動力不足／糾葛／沒有結論
逆位	從戀愛的妄想中醒來／明白對方的本性／冷靜下來／分手的決心／正視現實	適用於具體計畫中／比起利益，更重要的是實現的可能性高／減少選項／著手	想了解彼此為人的深入談話／讓夢想成為現實的夥伴／有執行力的人	比起暫時不決定，不如選擇一項／能做出最好的決定／實際採取行動的時候

聖杯八

* EIGHT of CUPS *

迎接一個段落，再度邁出步伐

男人背對堆疊的聖杯，正要離開此處。朝著險峻高山前進的身影，暗示著現狀告一段落，再次朝著新目標邁步前進。

正位
明白終結，
再次啟程

暗示察覺一件事的結束到來，並啟程旅行。此外也可解釋成放棄並果斷撤退的重要性。

基本 KEYWORD

轉變

持續經手的事情告一段落。究竟是要再次挑戰，還是尋找其他道路？牌面會告訴你答案。

逆位
再次向同一主題
挑戰

暗示發現新的終點而重啟挑戰。顯示出從過去獲得寶貴的經驗，並積極向前邁出步伐。

	目前狀況	人的心情	問題的原因	未來發展	建言
正位	過了巔峰的狀態／尋找什麼才是正確答案的時候／變化的時機	將焦點轉向其他事物／心情沒獲得滿足／想往下一階段前進	逃離麻煩事／察覺獲得的事物沒什麼大不了	展開追尋自我之旅／捨棄過去／轉換至新方向	需要朝下個階段邁進／珍惜自省的時間／放下重擔
逆位	重新開始的時候／再次回頭看原本放手的事物的時機	產生再次著手處理的幹勁／察覺到什麼／挑戰精神	不值得高興的事情開始進展／一開始就以失敗也無妨為前提考慮	再次挑戰原本放棄的事情／了解過去的意義／遇見全新的自己	現在放棄還太早了／以一不做二不休的精神再次挑戰／改變觀點

	戀愛	工作	待人	其他
正位	下定決心分手／捨棄對對方的依戀／變心／感覺不到魅力的人	世代交替／對赤字的企劃喪失信心／對計畫死心／貶職	話題沒獲得回應／斷絕聯絡／就結果而言變成疏遠的關係／懶得出門的人	最好的時機結束／衰退／引退／離去／捨棄／出發旅行
逆位	重新感受到對方的魅力／再次挑戰原本想放棄的戀情／分手被挽留	抱著即使失敗也無妨的態度交涉／讓原本認為毫無價值的事物產生利益／回收再利用	話題獲得回應／與原本疏離的人重逢／與舊識再次產生默契	好運回流／再次獲得機會／病情好轉／事態好轉／被挽留

聖杯九

* NINE of CUPS *

獲得榮耀後喘口氣歇息

牌面上繪製著背對九個聖杯、交抱雙臂坐著的男人。聖杯所顯示的是精神上、物質上的喜悅。表現出對於自己獲得的事物引以為傲，並品嘗這份喜悅的階段。

正位	
一償宿願， 內心滿足	達成心心念念的目標或夢想，內心湧上不可思議的滿足感。是單純地對眼前的幸福感到喜悅的狀態。

基本 KEYWORD

願望

這張牌表現出在獲得期望的事物後，內心的理想狀態。在所有夢想實現之際，內心會充斥怎樣的想法呢？

逆位	
受欲望支配， 判斷出錯	得意於自己獲得的事物價值之高，因此驕矜自滿。只有成功之人會沉醉於擁有的喜悅。

	目前狀況	人的心情	問題的原因	未來發展	建言
正位	願望即將實現／得到想要事物的運氣／對自己感到滿意	對自己感到驕傲／心情充滿喜悅／至高無上的幸福	伴隨著得手之物而來的責任或壞處／過度自吹自擂	獲得經濟能力／享受奢侈／咀嚼完成的喜悅	相信願望會實現／犒賞自己／誇耀喜悅是 NG 的
逆位	因為欲望而失去理智的時候／有得意忘形的傾向／對一切感到厭煩的狀態	對自己的稱讚／得到之後的空虛感／還想得到更多	受金錢支配的思考模式／驕矜的舉止／無法抑制的欲望	沉溺於快樂中／無論做了什麼，內心都感到空虛／遇上財務糾紛	應該關注用錢無法滿足的需求／滿足於現有的事物

	戀愛	工作	待人	其他
正位	單戀或愛情長跑開花結果／充實的性愛／理想的關係／有錢人	獲得成功／長年的計畫實現／令人滿足的利益或報酬／完成後的成就感／繁榮	心靈相通／享受交談的內容／精神和財務上游刃有餘的人／高傲的人	吃八分飽／身心健康／富足的環境／坦率地感到高興／發現微小的幸福
逆位	因虛偽的戀情而喪氣／扭曲的愛情／只有肉體關係／雖在交往卻無心	以利益為首的經營方式／蒙受損失／負債或借款／人性上不能信任的人	過分的態度令人厭煩／高高在上的發言／令人討厭的關係／任性的人	沉溺於奢侈／生活習慣紊亂／太寵愛自己／追求龐大的幸福／貪婪

聖杯十

* TEN of CUPS *

充滿愛與希望的每一天

象徵著愛與創造力的聖杯在天空上形成一道彩虹。彩虹下方可見充滿喜悅的家庭身影。暗示著至今為止的努力開花結果，獲得幸福且充滿愛的時光。

正位	過著與麻煩無緣的和平日常生活，由衷感到愛的狀態。暗示著能順利獲得安歇場所的平穩心境。
從平穩的每一天感覺到幸福	

基本 KEYWORD

幸福

顯示著有心愛伴侶或可愛孩子等平凡中的幸福。請詢問塔羅牌該如何接受這份幸福。

逆位	暗示著對於一成不變的每一天感到厭倦。內心充滿無趣與倦怠感。忘記了新鮮感，眼前所見的一切事物彷彿都褪了色。
對無趣的每一天越發不滿	

	目前狀況	人的心情	問題的原因	未來發展	建言
正位	切身體會到每一天的幸福／悠閒度過的狀態／運氣充實	認為自己很幸福／充滿對周遭的愛意／溫柔的心情	滿足於現狀／周遭的環境過太好／生於憂患，死於安樂	建構良好的人際關係／確信幸福／建造新家／結婚	察覺近在眼前的幸福／珍惜能推心置腹聊天的朋友
逆位	遺忘了平穩的日常多麼珍貴／無聊的運氣／習慣成自然的每一天	對於平凡的每一天感到厭倦／絲毫不覺得日常生活有何珍貴之處	不知道對自己而言幸福為何／沒有幹勁／依賴心	瞧不起他人／無論做什麼都覺得無聊／以慣性度日	不要強求沒有的事物／不再要求成規／接受變化

	戀愛	工作	待人	其他
正位	感覺到永恆的愛／與對方心靈相通／新家人誕生／訂婚／幸福的家庭	獲得確實的職位／穩定經營／構築獨特的風格／成就感／內心充實	平穩地談笑／與家人或朋友相處的溫暖時光／關係和樂融融／和平	屬於自己的價值觀／理想的家庭形象／憧憬的存在／愛情／親密／了解幸福為何
逆位	受理想的戀愛形式束縛／關係沒有進展／倦怠期／認為理所當然該待在身邊	緊抓著過去的成功不放／認為能做到是理所當然的狀態／進取心低落	毫無來由地煩躁／無論被怎麼對待都不會開心／無聊的關係／無趣的人	在意周遭的意見／執著於一般的價值觀／過時的想法／曖昧含糊

聖杯侍者

平靜地接受，化為自己的力量

* PAGE of CUPS *

背景的海洋象徵著想像力與靈性，表現出面對著聖杯中的魚微笑的少年豐富的感受性與溫柔的內在。這是張象徵接受一切的內心的牌。

PAGE of CUPS.

正位
接受一切 悠然自得的心

是運用柔軟度的時刻。以豐富的想像力為武器，將不可能化為可能。也可解釋成藉由於他人的溫柔握有關鍵。

基本 KEYWORD

接納

究竟是接受事物而化為成長的糧食，還是反過來受到玩弄呢？牌面的正逆位會告訴你接受方式的不同。

逆位
容易受到誘惑的 軟弱內心

這個也想要，那個也想要，因為貪得無厭而無法做出正確決定的時刻。此外，也隱約可見對他人的依賴心態。

	目前狀況	人的心情	問題的原因	未來發展	建言
正位	能夠積極正向的時候／不讓做不到的事物抱憾而終的力量	浪漫的氛圍／想為了他人盡心盡力／無論什麼事都能諒解	老實地說過頭／想像力豐富而造成反效果／多管閒事	知曉祕密／有新的發展／被人表白而展開戀情	對自己老實／說出祕密而縮短距離／注意態度要柔軟
逆位	被花言巧語蠱惑／內心軟弱而一味地仰賴他人的時候	有作夢傾向／無法決定什麼才是正確的／情緒起伏很大	心境變得怯懦／不現實的想法／依賴他人	被假消息欺騙而憤怒／祕密敗露／被他人依賴	斬斷依賴關係／應該嚴守祕密／不要寵壞自己

	戀愛	工作	待人	其他
正位	發展成肉體關係／被人表明愛意／浪漫而甜美的戀情／端莊秀麗的人	具創造性的工作／個性是關鍵／不要忘了別出心裁／藝術家／藝術相關	互相增長知識／共享祕密／無法憎恨的人／親密的心有靈犀／摯友	發現遺失物／體察真心話／拿捏對話的節奏／發現真相／謊言敗露
逆位	從妄想墜入愛河／彼此都不成熟的關係／在感情上不可靠的人／互相依賴	不是能專注工作的狀態／沒有彈性的工作狀況／任性的工作態度／無能的部下	互舔傷口／只有表面上要好的態度／待在一起無法成長／依賴	藏起來避免被發現／有目的的謊言／假消息／被花言巧語欺騙／誘惑／甜美話語的陷阱

聖杯騎士

* KNIGHT of CUPS *

KNIGHT of CUPS.

朝著憧憬向前衝

凜然而俊美的青年身姿，如同故事中的白馬騎士。翅膀造型的鎧甲與鞋子，表現出對憧憬的期望。朝著理想與夢想，往險峻的山脈邁步前進。

| 正位 達成理想的喜悅 | 終於抵達理想中的地點，洋溢著夢想實現的爽朗喜悅。散發出新事物展開的氛圍。 |

基本 KEYWORD
理想

某件事情向你接近。請用牌面來解讀那對你而言是希望，還是相反。

| 逆位 面對現實的悲哀 | 好不容易有所獲得，卻無法坦率感到高興的狀態。由於並非出於本意的結果，導致自己甚至對眼前的人或事物都心生懷疑。 |

	目前狀況	人的心情	問題的原因	未來發展	建言
正位	新的局面／某些事物開始的氣息／精神上獲得滿足的時候	心情爽快／不輕易行動，深思熟慮／願望實現的期待感	失去積極進取的精神／接到非預期的聯繫	有人提出新的規劃／等待的人到來／收到令人高興的贈禮	試著主動聯繫／應該接受邀請／關注內心充實
逆位	一切不如願的狀況／空歡喜／精神上想求助的時候	感覺到並非本意／一切都顯得不可靠／無法坦率地對現狀感到高興	過於仰賴他人／試圖參與令人難以置信的話題／講話前後矛盾	被花言巧語欺騙／收到徒增麻煩的邀請或贈禮	解除非期望內的關係／愈是好聽話愈要小心／重視自己的想法

	戀愛	工作	待人	其他
正位	展開羅曼史／受到異性追求／如同王子殿下的男性／求婚	活用人脈獲得成功／接到令人高興的通知／深思熟慮地應對／大受提拔／出人頭地	在一起能讓心情平靜／受到他人景仰／互相體諒的關係／內心溫柔的人	為了機會降臨而高興／突然趕來／充滿魅力的話題／細膩／享受一瞬的時光
逆位	展開看得見結局的戀情／受到異性玩弄／肉麻到令人作嘔的臺詞／虛假的愛	被交付預定之外的工作／不履行契約／前言不搭後語／花言巧語的人／詐欺受害	虛有其表的往來／無法分享意見／無法信任的關係／應變能力不佳的人	敗給誘惑／接近犯罪邊緣的麻煩／為了獲得感激而施恩／性情飄忽不定／神經質／歇斯底里

聖杯王后

＊ QUEEN of CUPS ＊

貼近他人的深厚慈愛

牌面上繪製著端坐在王座上，凝視著豪華聖杯的女王。裙襬與海洋、大地融為一體，顯示出她海納百川的溫柔。這是張象徵無條件的愛的牌。

QUEEN of CUPS.

正位
接納 並看穿本質

在保有自身核心的同時，也與周遭維持協調的時刻。由於讀取他人真正想法的能力很高，理解力也很強。

基本 KEYWORD

慈愛

表現出貼近他人的情感。請用牌面的正逆位來解讀知曉真心話後，究竟會將人拉起，抑或是讓自身墜落。

逆位
接納並沉浸於 同情中

暗示著由於沒有自身核心，容易受到他人情感左右而迷失自我。也可能因為內心無法保持協調，導致受到傷感的情緒折磨。

	目前狀況	人的心情	問題的原因	未來發展	建言
正位	能理解他人的時候／內心穩定／真實面貌被接受的情況	放鬆／體貼周遭／原諒他人的失敗或過錯	過度流於感性／勉強去「愛」／壓抑自己	靈性能力開花結果／享受藝術／直覺敏銳	看穿對方的真正想法／以溫柔的心接納／需要時間療癒
逆位	容易傷感／混亂而動彈不得的狀況／心懷不安的運氣	不對任何人敞開心房／想要緊緊地抓住些什麼／自身的不中用	想法扭曲／頭腦可以理解，但內心無法接受	招致依賴關係／不將想法付諸實行／沒能看穿真正的想法而受騙	盲目相信是危險的／不要放過重要事物／即使有所共鳴也切勿同流合汙

	戀愛	工作	待人	其他
正位	承認伴侶是摯愛之人／獲得精神上的連結／愛情豐富的人／母性	柔軟的應對／為工作或公司奉獻／藝術、療癒相關的工作／溫暖的職場／溫柔的上司	獲得療癒的對象／內在與外在同樣美麗的女性／體貼的關係／感覺到愛	有品德／洞察力／懷有好感／陷入沉思／自省／穩重的氛圍
逆位	沒有愛情的婚姻／順其自然地開始交往／見異思遷的女性／多情的人	被利用／點子被埋沒／優柔寡斷的上司／想辭職卻沒實行的人	不表達意見／出於依賴心而伴隨的行動／表面上的關係／不乾脆的人	為了討人歡心而改變意見／同情／人很好／跟著落淚／舉棋不定

聖杯國王

* KING of CUPS *

KING of CUPS.

接納人心與人生波濤起伏

國王神情沉穩地端坐於海面的王座上。對海浪起伏樂在其中的模樣、繪製在背景裡的海豚身影，都令人感覺得到他的玩心與心胸寬大。

正位
從容不迫地 完成事情

內心游刃有餘，能高明地應對事物。表現出靈活運用寬大的器量，提供他人正確的支援。

基本 KEYWORD

寬大

表現出內心的器量大。請用牌面的正逆位來判斷是會沉著地接納發生的事情，還是會受其玩弄而四處亂竄。

逆位
遭到玩弄 而失去自我

見風轉舵的狀態，會視對方反應而改變意見、依接觸對象改變態度等。沒有自身的準則。

	目前狀況	人的心情	問題的原因	未來發展	建言
正位	能適當應對的狀況／需要傾聽內心聲音／絞盡腦汁的時候	領悟終結一定會到來／接納一切的心境／肯定一切	過度包容／毫不隱瞞的態度造成反效果	藝術方面的才華覺醒／獲得強大的贊助者／朝新的道路邁進	不要忘記自制心／放輕鬆面對／夥伴應該近在眼前
逆位	容易招致誤解的運氣／無法信任自己的狀況／大為迷惘的時候	只要沒被揭穿就沒問題／無聊而閒得發慌／有罪惡感	過於寵愛自己與他人／表裡不一的行為導致信用低落	選擇較輕鬆的道路／被奸詐狡猾的想法束縛／決心動搖	吃小虧占大便宜／保持一貫性／首先是不欺騙自己

	戀愛	工作	待人	其他
正位	被安心感籠罩／視為家人般疼愛／能成為心靈支柱的關係／敦厚的男性	關懷體貼的職場／合乎期望的報酬／寬大的上司／守護部下成長／藝術家	品味與喜好完全符合／獲得好的理解者／沉穩而成熟的人／精神支柱	接受自己的軟弱／看清現實／準確的應對／聰明人／悠閒的態度
逆位	被劈腿／無法信任對方／得知衝擊性的事實／形跡可疑的男性／八面玲瓏	賄賂、逃漏稅等違法資金周轉方式／動之以情／反覆無常的上司／剝削勞動力	出爾反爾／說得像是什麼都知道／淺薄的話題／無趣的關係	只看對自己方便的事情／保持著危險平衡／欺騙自己／遲鈍的人

世界塔羅牌圖鑑
獨特篇

各式各樣的藝術家下工夫呈現的塔羅牌世界。
只要換一副牌，想必就能切身體認到連看見的世界
與關鍵字都大為轉變的感覺。

The Housewives Tarot
家庭主婦塔羅牌

以「家庭主婦」為主題的塔羅牌。除了小阿
爾克那的花色變成掃帚（權杖）、盤子（錢
幣）、刀子（寶劍）、玻璃杯（聖杯）以外，
就連大阿爾克那也與家庭主婦的生活息息
相關，盡是令人忍不住笑出來的圖面。由
於與偉特塔羅相近，適合用來占卜。

Golden Tarot of Klimt
金色克林姆塔羅牌

也有許多收藏家將塔羅牌視為美術品收集。
這副塔羅牌就是以十九世紀的畫家克林姆的
作品為主題。鑲有金箔，非常豪華。請務必
一邊占卜，一邊鑑賞美麗的圖畫。

After Tarot
後記塔羅牌

這副塔羅牌以「偉特塔羅所呈現的景象經過數
分鐘後」為題，描繪出畫家個人的詮釋。從懸
崖上掉落，掛在崖邊的〈愚者〉、互相拉扯旗
幟的〈太陽〉的孩童、停在王后寶劍上的蝴蝶
等，似乎能提示新的詮釋。

Chapter

3

任何煩惱都能占卜

牌義解析

接下來請實際使用塔羅牌，
試著占卜各種內容吧！

從邂逅你命中註定的
塔羅牌開始

═══

　　為了開始塔羅牌占卜，你需要一副塔羅牌，請務必取得一副你喜歡的牌。購買之後，建議先將所有的牌一張張地瀏覽。牌面繪製了什麼、人物露出怎樣的表情、你本身對牌抱持著怎樣的印象？請懷著向今後將永遠陪伴你的牌打招呼的心情面對它。

　　此外，或許也有許多人認為塔羅牌占卜有許多規矩，比如說洗牌方式、揭牌方式，或是「抽取從上方算起第幾張牌」等等。不過如同我一開始說過的，塔羅牌起初並非占卜工具，因此完全沒有「如果不按照這樣的流程就會遭受報應」這種事。倒不如說，你甚至可以自行設定「因為我喜歡數字7，所以我想抽取從上方算起第7張牌」、「我想像神經衰弱一樣，把牌全部排出來後再行挑選」這類專屬規則。請創造出覺得更適合自己的「塔羅牌風格」。

占卜前該知道的事

Answer_1

調整好
占卜自己命運的狀態

塔羅牌占卜並不是魔法，占卜前並不需要特地做好沐浴潔淨身心、焚香……等等類似儀式的事情（當然，如果這樣能讓你更專心，要這麼做也可以）。

只不過，我並不建議你躺著抽牌，或是邊吃東西邊抽牌。這畢竟是占卜自己的命運，態度認真是很重要的。請端正坐好，抬頭挺胸地抽牌，這麼一來也能提升專注力。

Answer_2

設置好
占卜用的地點

為了確實洗好多達78張牌，或是配置牌陣（P146），需要一定程度寬敞的桌子。桌上如果擺放過多雜物會造成妨礙，映入眼簾時也會使人分心，所以請整理好後再開始。此外，也要事先確認桌面是否乾淨。為了讓洗牌順暢，也建議在鋪有桌巾的地方進行，或是使用塔羅牌專用桌巾。

Answer_3

不用過度投入，
保持放鬆狀態

在占卜「我希望一定要這樣」的內容時，總會格外投入。不過這麼一來，就容易基於樂觀預測來解讀，或是一直抽到心目中的牌為止。這樣與其說是占卜，就不如說是大樂透遊戲了。

在占卜之前，請放鬆肩膀的力量，抱持著「無論抽到什麼牌都會接受，並從中獲得提示」的心情開始吧。

Answer_4

如果想占卜，
24小時隨時 OK

以塔羅牌來說，只要是「想占卜」的時候，就是適合占卜的時機。經常有人說不能在半夜或是喝酒時占卜，但這只是因為半夜容易妄想，喝醉時判斷力就會變遲鈍，所以不適合占卜罷了。真要說起來，其實在半夜應該更容易浮現不為人知的煩惱才對。如果你的直覺在夜深人靜的狀態更為敏銳，那麼在這時候占卜也 OK。相信塔羅牌一定會成為你商量的對象。

決定問題

你真的了解自己的煩惱嗎？

其實有許多人並不清楚自己正在煩惱什麼。

想知道的是誰的心情？想獲得的答案是運勢還是建言？如果在連這點都沒有確認的情況下揭牌，也只會依照當時的感覺解讀完就結束了。此外，如果只是占卜未來的吉凶，並在翻出好牌時開心，翻出壞牌時就當作沒發生過……這麼一來，塔羅牌就只能作為暫時的慰藉罷了。

塔羅牌並不是單純占卜吉凶的工具，而能針對你至今為止沒有面對的事情提供思考契機，或是給予從另一個角度看問題的提示。正因為如此，在需要占卜事情時，確定問題是很重要的。

為此，在占卜前，你需要與自己對話。自己究竟期望著什麼、為了實現願望必須怎麼做、掛心的問題是什麼等等。在深入內心並設定好問題後再來占卜，想必就能乾脆地獲得明確的答案。

只不過，有時也會碰到十分複雜的煩惱而無法整理好內心，或單純是莫名感到煩悶的情況。這種時候，請試著抽一張「目前的自己牌」（P146），並以抽出的牌為線索，試著思考問題。

設定問題的訣竅是「該怎麼做才能夠○○呢」。人在煩惱時總會忍不住只在意結果，不過塔羅牌並不是只用來占卜吉凶或成功與否的工具。首先，請確認自己「想怎麼做？」的意志，接著再搭配「該怎麼做才能加以實現」的具體對策試著思考，應該就能設定出好問題了。

✕ 不好的問題

◆ 我能交到男朋友嗎？
◆ 跳槽比較好嗎？

由於內容含糊籠統，不知道自己想怎麼做，所以只能得出曖昧的答案。

◎ 好的問題

◆ 我該怎麼做才能跟那個人兩情相悅？
◆ 如果想在半年內成功跳槽，該採取什麼行動才好？

確實擬定「我想這麼做」與「為此該怎麼做才好」的成套問題。

Case 1 ｜ 為什麼 我沒有情人？

問題不要以「為何」、「為什麼」開頭，首先要確認「自己想怎麼做」，並設定成「該怎麼做才能夠〇〇呢」的形式。此外，也建議詢問期限或具體對策。

> 說起來，你想要情人嗎？
> 如果是，你喜歡怎麼樣的情人？

◎ 如果想找到可以無話不說的情人，該怎麼做才好？

> 你希望在多久之內交到？
> 為此應該做些什麼？

◎ 我該怎麼做才能在一年以內找到可以無話不說的情人？

◎ 為了找到可以無話不說的情人，我該到什麼樣的地方去才好？

Case 2 ｜ 明天的面試 能夠成功嗎？

如果占卜事情的「成功與否」，就只會以或喜或憂告終。要占卜「該怎麼做才會成功」才有意義。愈是往下發覺不安的主因，就愈容易導向具體的答案。

> 為了成功，需要做些什麼？
> 應該注意什麼事？

◎ 我該怎麼做才能讓明天的面試成功？

> 說起來，你為什麼會感到不安？
> 該怎麼做才能消除不安？

◎ 我該怎麼做才能在明天的面試上不怯場地侃侃而談？

◎ 要是在明天的面試上發生難以預測的事態，我該採取什麼行動應對？

Case 3 ｜ 跟這個人結婚能獲得幸福嗎？

「能獲得幸福嗎」是個好問題，不過對於怎樣才算幸福則是因人而異。請具體地想想「怎麼樣才會讓自己感覺幸福」。如果無論如何都不清楚自己的心情，就以這一點作為問題占卜看看，也是一種方式。

> 對於這個對象，你自己是怎麼想的？

◎ 關於跟這個人結婚，我個人擔心的部分是？

> 對你來說，
> 所謂的「幸福」是什麼？

◎ 跟這個人一起過著平穩而充滿歡笑的生活？

◎ 跟這個人一起過著經濟上穩定的生活？

> 為此該怎麼做才好？

◎ 跟這個人結婚的話，我該留意什麼事？

選擇牌陣

藉由配置塔羅牌，更能深入解讀

決定問題後，再來要決定以何種角度來分析，為此需要用上的就是「牌陣」。

所謂的牌陣，就是塔羅牌的排列方式。藉由事先決定「哪個位置的牌代表什麼意思」，在抽牌時就能明確得知代表著什麼，也能更容易了解意思。

如果覺得記住牌陣很麻煩，全部使用「單張牌」（P150）來占卜也無妨，不過如果在牌陣上展開複數張牌，就能從牌面整體的印象或抽出同樣數字、花色等方向導出進一步的提示（P202）。

在選擇牌陣之際，重點在於要設定怎樣的問題。如同在右頁所介紹的，一個煩惱可以設定成許多形式的問題，並且有相應的牌陣。

建議各位不需要刻意決定一種，而是以複數牌陣占卜。比如說可先以「凱爾特十字」解讀對戀愛的心理陰影後，再以「時間之流」確認今後的戀愛運，應該就能藉此更加深入挖掘問題。

在習慣之後，應該就能從中感受到塔羅牌占卜的樂趣才是。

在運用牌陣正式開始占卜問題之前，建議先抽一張牌詢問「目前的自己處於何種狀態？」，這稱作「目前的自己牌」。可從抽出的牌分析現在的心理狀態，並試著將結果也反映在解釋上。如果在接下來的占卜中好幾次抽出在「目前的自己牌」中抽到的那張牌，或是同樣花色的牌，就能成為進一步的提示。

Case 1 | 如果同時被兩人表白，我該選哪一個？

A、B兩人各自的真正想法是？

◎ 進行兩次單張牌 Arrange 2（P151）
來解讀對方的心情。

與A、B兩人交往，分別會怎麼樣？

◎ 使用二選一 Variation 2（P155）
來解讀和各別對象的未來。

Case 2 | 我被其他公司挖角了……

我該如何回應這份邀請才好？

◎ 使用時間之流 Arrange 3（P153）
來解讀判斷。

對於那間公司，自己
現在的心情是？

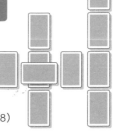

◎ 使用凱爾特十字（P158）
來解讀內心想法。

Case 3 | 有機會跟意中人拉近關係嗎？

在今後一年內，
戀愛運最佳的月分是？

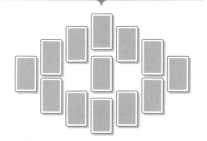

◎ 使用黃道十二宮 Arrange 1（P163）
來解讀一年的戀愛運。

對方對我抱持著怎樣的想法呢？

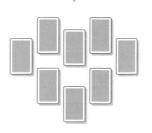

◎ 使用心之聲（P164）
來解讀對方對怎麼看待自己。

根據主題類別的推薦牌陣

本書中所介紹的牌陣大致可分為九種，並且有各自的應用方式，
請依照問題選擇適當的牌陣。

想掌握目前的狀況。
⇒ 單張牌 Arrange 1
（目前狀況）　　　　　　前往 P151

想重新審視自己的想法。
⇒ 單張牌 Arrange 2
（人的心情）　　　　　　前往 P151

想知道接下來會怎麼發展。
⇒ 單張牌 Arrange 4
（未來發展）　　　　　　前往 P151

想得到針對問題的答案。
⇒ 單張牌 Arrange 6
（各種問題）　　　　　　前往 P151

想獲得解決煩惱的提示。
⇒ 時間之流 Arrange 2
（問題的對策）　　　　　前往 P153

想比較兩個選項中，何者比較好。
⇒ 二選一　　　　　　　　前往 P154

想比較從複數選項中做選擇後的結果。
⇒ 二選一 Variation 2　　前往 P155

想要更深入了解某人的內心。
⇒ 凱爾特十字　　　　　　前往 P158

想要獲得問題的解決對策。
⇒ V 字型馬蹄鐵　　　　　前往 P160

想知道自己現在的整體運勢。
⇒ 黃道十二宮 Arrange 2
（目前所有類別的運勢）　前往 P163

想知道運氣好的日子。
⇒ 月曆　　　　　　　　　前往 P166

想知道對方的心情。
⇒ 單張牌 Arrange 2
（人的心情）　　　　　　前往 P151

想知道為什麼會變成這樣。
⇒ 單張牌 Arrange 3
（問題的原因）　　　　　前往 P151

想獲得該怎麼做的方針。
⇒ 單張牌 Arrange 5
（建言）　　　　　　　　前往 P151

想知道運勢或事情會如何發展。
⇒ 時間之流 Arrange 1
（運勢走向）　　　　　　前往 P153

迷惘而不知道該怎麼判斷
⇒ 時間之流 Arrange 3
（判斷）　　　　　　　　前往 P153

想比較兩個以上的選項中，
哪一種比較好。
⇒ 二選一 Variation 1　　前往 P155

想得知與人或事物之間的契合度。
⇒ 六芒星　　　　　　　　前往 P156

想要整理並掌握目前的狀況。
⇒ V 字型馬蹄鐵　　　　　前往 P160

想知道接下來的運勢。
⇒ 黃道十二宮 Arrange 1
（接下來一年的運勢）　　前往 P163

想與特定對象的關係變好。
⇒ 心之聲　　　　　　　　前往 P164

想知道適合採取行動的時間。
⇒ 月曆 Variation 1　　　前往 P167

填充式解讀案例的使用方式

在各牌陣的介紹頁面，會刊載牌面解讀案例。
請試著將抽出卡牌的關鍵字填入空格來練習解讀。

1 確認解讀案例

選擇適合搭配占卜內容的牌陣，並將塔羅牌依照牌陣形式排列。接著在揭牌後，依照牌陣解說頁面，確認每個位置的解讀案例。

2 試著填入關鍵字

從抽出的牌的關鍵字（P22⑦～⑪）中，選出適合作為答案的內容，填入解讀案例中。可以視情況調整關鍵字，使整句語意通順。

3 配合主題加以應用

如果想更細緻地解讀，可從戀愛、工作、待人、其他的項目（P22⑫）中挑選合適的關鍵字追加進去，這麼一來答案應該會顯得更具體。請試著重複這樣的過程來練習解讀。

〈解讀案例〉

如果使用單張牌 Arrange 2
來占卜交往對象的心情，解讀案例為何？

抽出的牌為〈女祭司（逆）〉。

這個人物抱持著

的想法

從「人的心情」中挑選關鍵字。
⇩

這個人物抱持著
容易歇斯底里
的想法

由於占卜主題是戀愛，
再進一步從「戀愛」中挑選關鍵字。
⇩

這個人物抱持著
懷疑對方出軌，而容易歇斯底里
的想法

〈解讀案例〉

如果使用時間之流 Arrange 2 來占卜工作問題的應對方式，在「①原因」的位置抽出的牌的解讀案例為何？

抽出的牌為〈聖杯七〉。

造成這個問題的原因是

從「問題的原因」中挑選關鍵字。
⇩

造成這個問題的原因是
無法正視現實

由於占卜主題是工作，
再進一步從「工作」中挑選關鍵字。
⇩

造成這個問題的原因是
想擴展範圍卻無法正視現實

單張牌
One Oracle

目前狀況／人的心情／
問題的原因／未來發展／建言　等

以一問一答方式引出提示

是針對問題抽一張牌的簡單牌陣。推薦於沒有時間的時候，或想得知直截了當答案的時候使用。

大多數的問題應該都能以目前狀況、人的心情、問題的原因、未來發展、建言等基本的解釋來解讀。除此之外，還能回答「今天的運勢如何？」、「那個人會接電話嗎？」等對未來的預測；「現在要吃飯的話該選什麼菜色？」這類幸運提示等，各式各樣的問題。是堪稱為一切基礎的牌陣。

POINT

針對想知道些什麼，設定明確的問題！

為了得到明確的答案，先搞清楚自己究竟想知道什麼後再抽牌非常重要。尤其是使用單張牌占卜的情況，如果總是將抽到的牌視為「對方的心情」或「未來發展」來解讀，就只能做出對自己方便的解讀。一邊說著「對方現在的想法是……」一邊揭牌，或許也是不錯的方式。

問題範例

◆ 今天該注意什麼事情？

◆ 那個人的態度突然變得冷淡，對方現在有什麼想法？

◆ 我該怎麼做才能結婚？

◆ 該怎麼做才能讓明天的工作順利進行？

◆ 該怎麼做才能跟公司的 A 好好相處？

Arrange 1
目前狀況是？

這個問題
處於 ⬚ 的狀況

想客觀地掌握自己現在身處的狀況或問題時，可以試著使用這個形式解讀。在置身於煩惱漩渦中的時候，會出乎意料地無法冷靜掌握現實狀況。就算沒抽出感覺一針見血的牌時，試著彈性地思考「如果以這張牌的視角來解讀現實，會是如何？」也是一種訣竅。

Arrange 2
人的心情是？

這個人物抱持著
⬚ 的想法

「自己現在是何種心境？」、「那個人對自己是怎麼想的？」等等，想了解人的心理狀態時，可以試著使用這個形式解讀。也可以設定時間詢問，比如「他三天前的真正想法是？」、「我今後會怎麼想呢？」等等。不只針對他人，也非常適合用來探究自己的內心。

Arrange 3
問題的原因是？

造成這個問題的原因是
⬚

想占卜引發問題的原因、妨礙願望達成的事物（或人物）為何的時候，可以試著套入這個形式解讀。如果抽到好牌，也可以臨機應變地解釋成「問題沒有自己所想的那麼嚴重」。

Arrange 4
未來發展是？

這個問題會演變成
⬚ 的狀況

以這個形式解讀的話，就能得知「繼續進展下去，最可能造訪的未來」。只不過如果因為抽到好牌而鬆懈，那就未必會成為現實；反之，抽到壞牌時為了加以避免，也可以試著抽取「建言牌」（P172）來詢問該怎麼做。

Arrange 5
建言是？

針對這個問題，建議採取
⬚ 的應對方式

針對煩惱或問題，想獲得「該怎麼做才好？」的行動方針時，可以使用這個形式解讀。如果抽到負面意義的牌或逆位，覺得難以解釋時，請參考「Lesson 4　流暢解讀逆位的訣竅」（P192），配合狀況應用。

Arrange 6
應用於各種問題上

〈例〉現在打電話過去，對方會
表現出 ⬚ 的態度

除了在這裡介紹的五種解讀法外，單張牌還可以應用在許多方面上。請配合拋出的問題，根據作為塔羅牌核心的關鍵字自由想像。你所感覺到的事物沒有正不正確的答案，請試著找出最為貼切的答案。

牌陣 2 時間之流
Three Cards

過去／原因／YES　　　現在／結果／暫時擱置　　　不久後的未來／建言／NO

以容易處理的張數得出簡單好懂的答案

　　這是針對問題抽出三張牌的牌陣。塔羅牌張數不會太多也不會太少，容易掌握整體，因此適合占卜各式各樣的事情。

　　在本書中會介紹「過去／現在／不久後的未來」這種觀看運勢的方法、「原因／結果／建言」這種解讀問題對策的方法，以及針對迷惘的事項詢問「YES ／暫時擱置／NO」，比較判斷結果的方法。

　　此外也可以設定日期或時間，比如說「今天／明天／後天」、「這個月／下個月／下下個月」等，是很適合用來掌握運勢的牌陣。

POINT
試著尋找三張牌的共通點！

雖然也可以獨立解讀每一張牌，但這個牌陣很適合用於觀察「流勢」。因此若能掌握三張牌的共通點，比如說數字、花色、主題相同等，就能獲得更多提示。從三張牌整體感受到的印象也很重要。

問題範例

◆　我現在的運勢狀態怎麼樣？

◆　跟朋友吵架了……該怎麼做才能和好？

◆　該如何回應新工作的 OFFER 才好？

Arrange 1　運勢如何？

① 過去
> 過去處於　　　的狀況

關於使用時間之流占卜的過去或未來的範圍，請視為從現在算起的前後三個月之間。心裡對於牌面所呈現的事件有沒有底，請從各種角度試著回想。

② 現在
> 現在處於　　　的狀況

這個位置的牌呈現的是提問者的現況或運勢狀態。如果三張牌都是逆位的情況，或許表示你並未面對原本該做的事情，或是陷入了負面思考中。

③ 不久後的未來
> 今後會演變成　　　的狀況

請感受一下三張牌的強度（P202），如果在這個位置抽出了大阿爾克那牌，表示運氣接下來將會增強。如果是「①過去」、「②現在」比較強勁，就可以解讀成接下來將進入休息模式。

Arrange 2　問題有對策嗎？

① 原因
> 造成這個問題的原因是　　　

呈現為什麼會發生這個問題的牌。由於提問者心裡有可能完全沒底，所以請試著以平靜的心面對牌義。塔羅牌的第一印象也很重要。

② 結果
> 就結果而言，這個問題會成為　　　

呈現出繼續這樣下去，問題會如何發展的牌。話雖如此，請別單看這一項就覺得大局已走，而依據自己想怎麼做來解讀「③建言」。

③ 建言
> 關於這個問題，需要記住　　　

解讀方式會依據自己想不想實現「②結果」的內容而改變。如果抽到負面意義的牌，也可以解讀成「為了避免演變成這樣，該怎麼做才好」。

Arrange 3　該怎麼判斷才好？

① YES
> 如果判斷這個問題的答案為 YES，結果會是　　　

雖然與「二選一」（P154）類似，不過並非分開觀看每個選項，而是確認該如何應對一個問題。做出 YES（肯定判斷）的情況下，結果會呈現於此。

② 暫時擱置
> 如果暫時擱置這個問題，結果會是　　　

其中也存在「不應該在這時候決定」、「時機未到」的情況。這種時候，在這裡多會出現正面意義的牌或是大阿爾克那牌等涵義強烈的牌。

③ NO
> 如果判斷這個問題的答案為 NO，結果會是　　　

做出 NO（否定判斷）的情況下，結果會呈現於此。如果覺得三張牌都不太切合問題，就表示或許存在著條件不夠齊備等不確定的因素。請隔一段時間再重新占卜。

牌陣 3

二選一
Alternatively

① 選項 A

② 選項 B

③ 提問者的態度

比較複數選項

如果可以採取的行動等選項為複數時，就適合使用這個牌陣來進行評估。能夠藉由抽出的牌來比較各個選項分別處於何種狀態。請在占卜前先決定選項 A～B 對應何種內容，決定好後再揭牌。

此外，請別單純地判斷出現正位就是好的，出現了逆位就是不好的。根據圖案或牌義，深入解讀該選項對提問者來說有什麼意義是很重要的，畢竟最後決定要選擇何者的還是當事人自己。

POINT

請從圖案試著自由聯想

在占卜有著具體選項的情況，比如說購物或挑選地點上「該選哪個好」時，不只牌義，也請試著注意圖案。牌上的人物所穿的服裝或所持的物品、繪製在背景裡的地點等等，似乎經常會直接呈現出該選項的性質。

問題範例

◆ 我在三樣物品上猶豫不決，該買哪個好？

◆ 如果要委託工作，A、B、C三人中應該選誰？

◆ 眼前有三項提案，應該採用哪個計畫？

① ~ ② 選項 A ～ B

選項 A ～ B 為 ▢▢▢▢▢ 的狀態
（事物的情況）

我認為選項 A ～ B 是 ▢▢▢▢
（人物的情況）

每張牌會分別呈現出選項的狀態。如果是人的心情，就能得知該選項對應的對象現在的心境，或是對提問者抱持何種想法。試著占卜「提問者（自己）對於這些選項分別是怎麼想的」也不錯。

③ 提問者的態度

對於這個問題，
我覺得 ▢▢▢▢

呈現出提問者對於問題的態度。如果是〈愚者〉，或許就表示覺得「其實無關緊要」；如果是〈戰車〉，或許就是因為急著「想立刻做決定」而導致判斷出錯。請意識著出現在這個位置的牌，並比較整體的選項。

Variation 1
可隨心所欲地增加選項數量

如果想比較的選項超過兩個，想增加展開的牌也無妨。只不過選項過多會導致無法判斷，所以請控制在五張以內。此外，因為在占卜時容易發生「哪個選項代表著什麼事物？」的混亂，所以建議事先寫在紙上。

選項 A　　選項 B　　選項 C　　選項 D　　選項 E

提問者的態度

Variation 2
也可試著占卜選擇各選項的結果會如何

分別針對選項多抽一張牌，也可占卜「選擇了這項後的未來」。只不過可能也會有①②是好牌，而④⑤卻是壞牌的情況，這或許表示存在著目前尚未明朗的條件或出乎意料的變化。請一邊考慮著「③提問者的態度」，一邊試著解讀。

選擇選項 A 會如何？　選項 A　選項 B　選擇選項 B 會如何？

提問者的態度

六芒星
Hexagram

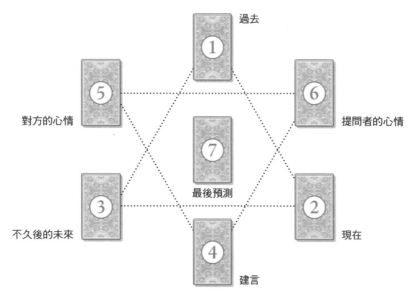

過去
①

⑤ 對方的心情

⑥ 提問者的心情

⑦ 最後預測

③ 不久後的未來

② 現在

④ 建言

可以看見與他人之間的關係或契合度

　　這是被稱作「六芒星」形狀的牌陣，兩個三角形代表天與地，兩者交疊則意味著森羅萬象。牌陣中朝上的三角形代表時間序列，朝下的三角形則代表兩種不同的因素與建言——提問者與對象、提問者與周遭環境、提問者與公司等，立場相異的兩者會如何面對這個問題？該怎麼做才能改善關係——並簡單易懂地得出答案。推薦給想了解戀愛契合度，或是人際關係上遇到麻煩需解決方案時使用。

POINT

如果搞不清楚時，請回到單張牌的概念上

牌數增加到這個程度後，如果不確實記住牌陣配置或代表意義，或許就會一團混亂。如果無法順利解讀的話，請回歸到「在單張牌（P150）牌陣出現這張牌時，會怎麼解釋」的基礎來思考，就會簡單好懂得多。

問題範例

◆ 單戀的對象對我有什麼想法？

◆ 與伴侶之間的關係有些降溫……該怎麼改善才好？

◆ 我想一個人住，該怎麼說服父母才好？

① 過去

這個問題以前處於 ▮▮▮▮▮ 的狀況

呈現出兩者之間的關係在過去處於何種情況，很有可能得出引發問題的原因。如果抽到的是顯示關係良好的牌，可解釋成「當時還很好」。

② 現在

這個問題現在處於 ▮▮▮▮▮ 的狀況

呈現出周遭的環境或兩者的想法是什麼情況。如果在牌面上繪製了兩名以上的人物，也有可能是直接暗示了兩人之間的關聯性，請試著仔細觀察牌面看看。

③ 不久後的未來

這個問題很快就會演變成 ▮▮▮▮▮ 的狀況

即使「①過去」、「②現在」不好，只要在「③不久後的未來」、「⑦最後預測」出現具發展性的牌，就表示事情不會有太大的問題，遲早會以好的形式結束；如果是壞牌的話，就請細心解讀「④建言」。

④ 建言

關於這個問題，需要記住 ▮▮▮▮▮ 比較好

這個位置的牌表達的是為了讓兩者之間的關係朝更好的方向前進，而需要留心的事情。不只有這張牌，並根據「⑤對方的心情」、「⑥提問者的心情」加以解讀，應該就能獲得更為具體的方針。

⑤ 對方的心情

關於這個問題，對方的想法是 ▮▮▮▮▮

由於「⑤對方的心情」與「⑥提問者的心情」是成對的牌，請務必一併解讀。如果抽到的是正逆位相反的牌，就能從中看出何者採取的是有問題的態度了。

⑥ 提問者的心情

關於這個問題，自己的想法是 ▮▮▮▮▮

「⑤對方的心情」、「⑥提問者的心情」也有可能呈現出牌的強弱或力量關係。自我中心的人是哪一邊、具依賴心而被玩弄的又是哪一邊？可以從兩張牌的平衡發現問題的根源。

⑦ 最後預測

這個問題最後會成為 ▮▮▮▮▮ 的狀況

如果說「③不久後的未來」指的是「近期可能發生的事情」，那麼「⑦最後預測」代表的就是「之後會成為這樣的結果」。因此，只要在③、⑦出現的牌不差，應該就能以好的形式告一段落。

凱爾特十字
Celtic Cross

③ 提問者的表意識
（思考的事）

成為障礙的事物　　　提問者的狀況

① ②　⑤

不久後的未來　　　　　　　　過去

⑩ 最後預測

⑨ 提問者的期望

⑧ 周遭（或是對象）
的狀況

⑦ 提問者
所處的立場

④ 提問者的潛意識
（感覺到的事）

往下深掘內心深處

　　這是排列成神祕十字架形的牌陣。特徵在於10張牌的配置設定細膩，因此能如實呈現人們的真心話與表面話。不只是自身，還能應用於想了解對方真心話的時候。因為張數眾多，解讀的難度也隨之提升，不過只要確認「Lesson 7　審視整體牌陣尋找提示」（P202）所提，應該特別注意的重點，或許就能發現新的故事。

　　推薦在太過煩惱而不知道該如何是好的時候使用。

POINT

解讀時試著以兩兩一組的牌為單位

以凱爾特十字的情況，由於張數眾多，從特別有感覺的牌開始解讀起也無妨。而在意思呈現分歧的時候，首先可以用「①提問者的狀況／②障礙」、「③表意識／④潛意識」、「⑦提問者所處的立場／⑧周遭的狀況」這樣成對的項目作為重點解讀。

問題範例

◆ 如果想改變不擅長與人相處的個性，該怎麼做？

◆ 原因不明地感到煩躁，我對什麼事感到不滿？

◆ 這陣子上司的態度很奇怪，到底是什麼原因？

① 提問者的狀況

我現在處於 ▢▢ 的狀況

這個位置的牌呈現的是對於這個問題，當事人處於何種情況？ 會以怎樣的態度面對？

② 成為障礙的事物

這個問題中的 障礙是 ▢▢

暗示著擺在眼前的問題點。這可能是周遭的環境，或是提問者的想法，因此不論是正或逆位，都請視情況彈性調整解讀方式。

③ 提問者的表意識（思考的事）

對於這個問題，我認為 ▢▢

呈現出提問者理性地認為「自己是這樣的人」，或是在腦中如何掌握現況的。

④ 提問者的潛意識（感覺到的事）

對於這個問題，我感覺到 ▢▢

暗示著連提問者都沒察覺的現在想法，這可能是真正的願望、隱藏於心中的恐懼。有時也會發生與「③表意識」互相矛盾而心生糾葛的情況。

⑤ 過去

這個問題 過去處於 ▢▢ 的狀況

代表著這個問題在過去處於怎樣的狀況。引發問題的原因也可能在此浮上檯面。

⑥ 不久後的未來

這個問題很快就會 演變成 ▢▢ 的狀況

呈現出關於這個問題，近期內可能會發生的事情，或是問題會如何產生變化（或是不變化）。

⑦ 提問者所處的立場

關於這個問題，我處於 ▢▢ 的狀況

強調「①提問者的狀況」中立場或角色的意義。也可能代表著自己認為「應該這麼行動」。

⑧ 周遭（或是對象）的狀況

關於這個問題，周遭處於 ▢▢ 的狀況

表現出提問者的周遭是否存在協助者。或是占卜有特定對象的主題時，對方的心境或今後的行動。

⑨ 提問者的期望

關於這個問題，其實我覺得 ▢▢

呈現出基於「③提問者的表意識（思考的事）」、「④提問者的潛意識（感覺到的事）」，提問者今後究竟想怎麼做。

⑩ 最後預測

這個問題 最後會成為 ▢▢ 的狀況

暗示著問題會迎向何種結局，對提問者而言擁有什麼意義。如果出現不期望的牌，就請當成是建言牌（P172）。

V字型馬蹄鐵
Horseshoe

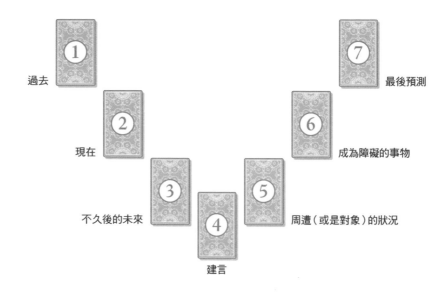

過去

現在

不久後的未來

建言

最後預測

成為障礙的事物

周遭（或是對象）的狀況

推導出問題的變化與解決對策

所謂的馬蹄鐵，指的就是鑲嵌在馬蹄上的U字型金屬零件。這個牌陣分析著在過去、現在、未來的時間之流中，為什麼會產生這個問題，並配置了幾張顯示什麼成為了障礙、該怎麼做才能解決的牌。由於形狀簡單好排，只要依序翻開牌面，並憑著當下的直覺如故事般解讀即可。

這牌陣不僅能對應所有類型的問題，還能整理錯綜複雜的問題，並獲得明確的方針，只要記住就能派上用場。

――― POINT ―――

注目在整體中自我主張的牌

在翻開牌面後，總會遇到「不知為何相當在意的一張牌」，那是發出重要訊息的關鍵牌。V字型馬蹄鐵雖是適合觀看流勢的牌陣，不過在依序解讀後，請再試著以關鍵牌為中心解讀，相信又會產生不同的解釋。

問題範例

◆ 該怎麼做才能改善店裡的營業額？

◆ 如果想與現在的交往對象沒有後顧之憂地分手，該怎麼做？

◆ 在一直無法融入職場的情況下過了三個月，到底是哪裡出了問題？

① 過去

這個問題以前處於
█████ 的狀況

建議如果問題是事物，就請作為「過去的狀況」解讀；如果是戀愛或人際關係等與人心相關的問題，就請視為「對方的心情」，並作為從「①過去」到「②現在」的心境變化解讀。

② 現在

這個問題現在處於
█████ 的狀況

這個位置的牌呈現的是問題的現狀。就算抽到好牌也別高興過頭，請小心並深入地解讀那指的究竟是環繞著提問者的狀況，抑或只是提問者的期望。

③ 不久後的未來

這個問題很快就會演變成
█████ 的狀況

請將這個位置的牌搭配「⑦最後預測」的牌，看清這個問題的變遷。而在占卜與人的關聯性的時候，將這裡改視為「提問者的狀況」，並與「⑤對象的狀況」比較著解讀也不錯。

④ 建言

關於這個問題，
需要記住 █████ 比較好

這個位置的牌顯示的是該如何面對這個問題才好。如果無法順利掌握意義，首先請看看出現在「⑦最後預測」的牌。只要思考兩張牌之間的關聯，應該就能發現提示。

⑤ 周遭（或是對象）的狀況

環繞著這個問題的
狀況是 █████

這個位置的牌呈現的是關於這個問題，當事人周遭的環境、有無後援，或是對方的狀況等。如果出現在這裡的牌是逆位，或許就表示對方的態度是並不在意這個問題，認為事不關己。

⑥ 成為障礙的事物

成為這個問題
障礙的是 █████

這個位置的牌代表的是這個問題中最大的難關。如果在這裡出現的是好牌，可以解讀為「事情並沒有提問者所想的那麼嚴重」，或是那張牌的意義過強而「成為障礙」。

⑦ 最後預測

這個問題最後
會成為 █████ 的狀況

這個位置的牌顯示的是照這樣下去，問題最有可能會如何發展的未來。請按照結果令人滿意或不如所願兩種方向，調整對「④建言」的解讀，就能將整體歸納成一個故事了。

黃道十二宮
Horoscope

11月運勢／
希望、夥伴

9月運勢／
旅行、理想

12月運勢／
潛意識、競爭對手

8月運勢／
繼承事物、性愛

⑩

⑨

⑪

10月運勢／
職務、名譽

⑫

⑧

①

⑬

⑦

1月運勢／
提問者、性格

②

⑬

最後預測、
建言

⑥

7月運勢／
夥伴關係、
婚姻

2月運勢／
金錢、所有物

③

4月運勢／
家庭、親戚

⑤

6月運勢／
工作、健康

④

3月運勢／
知識、溝通

5月運勢／
戀愛、娛樂

詳細占卜各種運勢

　　這是仿效西洋占星術中的「黃道十二宮（星座配置）」的牌陣，占卜方式有兩種。首先是解讀一年間每月運勢的方式，你也可以進一步設定詳細的主題，比如說一年之間的戀愛運、一年之間的工作運、一年之間兩人的關係等；另一種方式則是讀取現在的戀愛、工作、財運等各種類別的運勢。是適合在生日、元旦、立春等特殊節日使用的牌陣。請留下照片等紀錄，日後試著回顧是否準確吧。

─ *POINT* ─

可試著確認小阿爾克那花色間的平衡

權杖對應工作，錢幣對應財運，寶劍對應工作或人際關係，聖杯對應愛情等，請確認該月的主題。如果出現逆位的情況過多，就表示想法未定，請隔一段時間再重新占卜。

問題範例

◆ 今天是我的生日，接下來一年的運勢如何？

◆ 今後一年的戀愛運會怎麼發展？

◆ 我想知道目前所有類別的運勢！

Arrange 1　接下來一年的運勢如何？

① ～ ⑫ 各月的運勢

> 這個月的運勢為 _____

在重要的轉捩點常會出現大阿爾克那牌。此外，各花色的一（ACE）則暗示著某種新事物展開的可能性。

⑬ 最後預測、建言

> 〈例〉在度過接下來一年時，請注意 _____

這是作為一整年方針的關鍵牌。可以自由設定這張牌的主題，比如說「一年後的最後預測」、「一年之間的主題」、「為了讓這一年過得更好的建言」等。

Arrange 2　目前所有類別的運勢如何？

① 提問者、性格

> 我本身現在處於 _____ 的狀態

呈現出性格傾向、他人怎麼看待自己、氛圍或時尚等。

② 金錢、所有物

> 我的財運現在處於 _____ 的狀態

呈現出每個月的財務收支、經濟活動、目前的財務狀況等。

③ 知識、溝通

> 我現在感興趣的事處於 _____ 的狀態

呈現出學習意願、學習運、與人相處、社群網站上的交流態度等。

④ 家庭、親戚

> 我的周遭現在處於 _____ 的狀態

呈現出住家、與視為家人親戚的對象之間的關聯性、隱私等。

⑤ 戀愛、娛樂

> 我的興趣現在處於 _____ 的狀態

呈現出戀愛等所有享受的事情。也包括休閒娛樂、創作活動或賭博等。

⑥ 工作、健康

> 我的工作（健康）現在處於 _____ 的狀態

呈現出每一天的日常工作、公司或組織內部的活動，或是整體的健康。

⑦ 夥伴關係、婚姻

> 我的人際關係現在處於 _____ 的狀態

呈現出結婚或商務上，與伴侶（夥伴）相遇或關聯性。

⑧ 繼承事物、性愛

> 我的贈禮運現在處於 _____ 的狀態

呈現出性愛運、求子運，關於家世血統上的事情、繼承或贈禮運等。

⑨ 旅行、理想

> 我的目標現在處於 _____ 的狀態

旅行運。也暗示著「我想成為這種模樣」，朝理想採取的行動或精神上的成長。

⑩ 職務、名譽

> 我的立場現在處於 _____ 的狀態

呈現出社會上的定位、晉升、及格、得獎、表揚等名譽相關的事情。

⑪ 希望、夥伴

> 我的交友關係現在處於 _____ 的狀態

呈現的是擁有共同志向的夥伴。比如說社團或透過網路聯繫的團體等。

⑫ 潛意識、競爭對手

> 我的潛意識現在處於 _____ 的狀態

呈現出潛意識層次感覺到的各種想法。也暗示著靈性的力量。

⑬ 最後預測、建言

> 〈例〉我現在需要記住 _____

呈現出貫穿整體的當前主題，或是應該留心的方針。

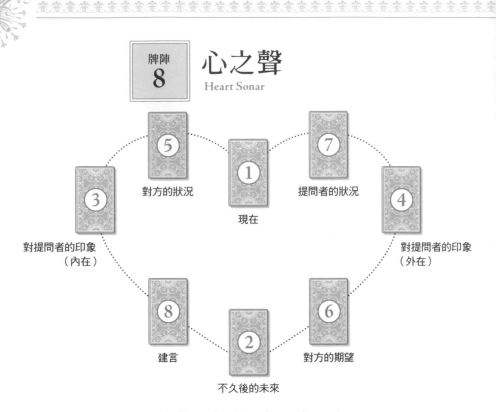

牌陣 **8** 心之聲
Heart Sonar

⑤ 對方的狀況

① 現在

⑦ 提問者的狀況

③ 對提問者的印象（內在）

④ 對提問者的印象（外在）

⑧ 建言

② 不久後的未來

⑥ 對方的期望

直截了當地解決戀愛問題

　　這是在我經營塔羅牌吧的時候，非常受歡迎的原創牌陣。從愛心形狀可以得知，這牌陣最適合用來占卜戀愛、婚姻，並充滿想了解對方想法的內容。比如說對方對於提問者的個性、外在是怎麼想的，兩人之間的關係今後會如何發展等，雖然常會得出嚴厲的結果，但也因此令人非常興奮。

　　在紀念日等日子使用這個牌陣占卜，確認彼此之間的愛、互相傾訴平時說不出口的話語，也是個不錯的選擇。

POINT

確認乍看之下感覺到的印象

在解讀每一張牌之前，請先試著審視整個牌陣。「整體而言很協調」、「某處有些僵硬」、「昏暗」、「有許多人面對側面或後方」等印象也很重要。尤其是這是用來占卜契合度的牌陣，因此可以試著直接將其視為對方的內心來讀取。

問題範例

◆　他喜歡我哪一點？

◆　他除了我以外，還腳踏兩條船，我想知道他的真正想法。

◆　結婚10年了，該怎麼做才能改善千篇一律的生活？

① 現在

> 現在兩人處於
> ___的狀況

這個位置的牌會呈現出兩人現在的關係。由於在這張牌的左右分別排著「⑤對方的狀況」、「⑦提問者的狀況」，請細細比較這三張牌，找出顏色、圖案上的共通點或是截然不同的地方。

② 不久後的未來

> 今後兩人會演變成
> ___的狀況

從第一張的「①現在」到第二張的「②不久後的未來」，立刻就會顯現出結果，這就是這個牌陣令人興奮的地方。請試著以這兩張牌為軸心，以「為什麼會變成這樣」的觀點來解讀周遭的牌。

③ 對提問者的印象（內在）

> 對方認為
> 我的內在是___

這個位置的牌意謂的是對方的心情，尤其會呈現出對提問者個性或態度上的印象。比如說，如果出現的是〈愚者〉，就表示對方認為提問者是個像〈愚者〉一樣的人。

④ 對提問者的印象（外在）

> 對方認為
> 我的外在是___

這個位置的牌與「③對提問者的印象（內在）」成對，呈現的是對方對提問者的外在是怎麼想的。就連「個性雖好，但外表有點……」的不滿也會直接地呈現在這個牌陣上。

⑤ 對方的狀況

> 對方現在處於
> ___的狀況

呈現出環繞著對方的環境，或是對方對於彼此之間的關係是怎麼想的。也可以讀取到「有其他在意的事情」、「有卡牌象徵著的人物在對方身邊阻撓」等內容。

⑥ 對方的期望

> 對方認為我___

這個位置的牌與「⑤對方的狀況」成對，呈現出對方對提問者有什麼期望。如果是心懷該張牌所顯示的情感，也可以解讀成是「希望提問者變得像這張牌一樣」的期望。

⑦ 提問者的狀況

> 我現在處於
> ___的狀況

呈現出提問者本身處於何種狀態、對於彼此之間的關係是怎麼想的。如果在這裡出現代表焦躁或不安的牌，也可能會影響到兩人的關係。

⑧ 建言

> 關於這個問題，
> 需要記住___比較好

這個位置的牌呈現的是為了讓彼此的關係變得更好，提問者該做些什麼、該記住什麼事情。如果抽到的是具負面意義的牌，也可以解讀成「應該小心避免變成那樣」。

牌陣 9　月曆
Calendar

10月

sun	mon	tue	wed	thu	fri	sat
1	2	3	4	5	6	7
8	9	10	11	12	13	14
15	16	17	18	19	20	21
22	23	24	25	26	27	28
29	30	31				

靠自己推導出每日運勢！

　　這是如同當月的月曆般，能占卜一個月分每日運勢的牌陣。這個牌陣的優點是會一口氣翻開28～31張牌，只要一次占卜兩到三個月分，就能幾乎接觸到每一張牌。因為這就像是「一天品味一張牌的意義」，所以能一口氣提升對塔羅牌的掌握程度。請將結果謄寫在行事曆等地方，每天確認看看。「出現這張牌的日子容易發生這種事」、「這件事很有〈愚者〉的意涵」等等，想必能令人擴展出更為豐富的印象。

─── POINT ───

以一週運勢為單位確認努力時機

如果覺得牌數過多而很辛苦，想以「第一週的運勢」、「第二週的運勢」為單位一次確認7張也行。也很推薦將其視為對當天的建言而非運勢。甚至還可以將牌面設定成手機的待機畫面，確認「今天的主題是〈力量〉」等。

問題範例

◆ 我下個月的每日運勢如何？

◆ 如果我要上美容院，哪一天最合適？

◆ 令人期待的活動即將到來，當天運氣的狀態如何？

①～㉛ 當天的運勢

○月○日的運氣為

得出的牌代表未來那一天的運氣。抽出〈戀人〉的那一天，可以為了追求邂逅而外出；抽出〈高塔〉的那一天，則要注意出乎意料的發展——可以這樣解讀。不只可作為規劃行事曆的參考，還可以事先得知日子好壞，所以能在安排重要預定計畫上派上用場。

Variation 1

以一天的流勢
為基礎安排計畫

就像使用月曆一樣，也能用時鐘形狀來占卜。24小時都能配合時針展開牌陣，讀取可能會在那段時間發生的事情。比如說占卜在工作上容易接到突發事務的時間點、能夠靜下心來工作的時間點，或許就能順利度過一整天。簡單地占卜「上午／下午」或許也不錯。

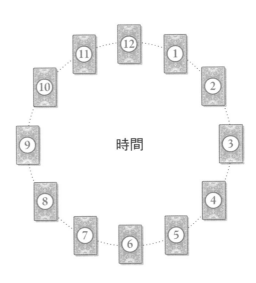

時間

≡ Step 3 ≡

洗牌及排列

一邊靜下心來，一邊攪動

　　所謂的塔羅牌是使用偶然抽出的牌來解讀訊息的占卜，因此每次都必須隨機重排卡牌。在抽牌之前攪動的動作稱作「洗牌」。

　　在本書中介紹的是用兩手畫圓般混雜所有牌的「麻將式」。這種洗牌法的優點是能在攪動牌的過程中屏除雜念，讓自己靜下心來，可說是占卜前的精神統一。

　　就算一開始會小心翼翼地洗著牌，但在看著眼前轉動的牌的過程中，就能逐漸集中精神。或許也會不斷思考著關於問題的內容，但只要事先這麼做，在揭牌時的讀取就會格外敏銳，有「這張牌所顯示的就是那件事！」的感覺。

　　基本上來說，只要確實將牌洗好就行，做法是每個人的自由。需要注意的是揭牌方式，在需要解釋正逆位的時候，如果於一個牌陣中有的牌上下翻開，有的牌左右翻開，甚至是隨心所欲地翻開，都會導致得不出正確的正逆位，因此請事先決定好一種揭牌方式。

有種占卜術叫做「探測術」，是以靈擺的動作來占卜YES、NO。靈擺逆時針旋轉為「擴散」，順時針旋轉則具有「集中」的作用，請試著在洗牌時應用這一點。首先逆時針旋轉，將負面能量或過去占卜時的念頭拋到外太空加以淨化，再順時針旋轉，將能量集中到牌上來。

逆時針旋轉
具有驅散邪氣的作用

順時針旋轉
具有集中力量的作用

1 首先專心地 將牌逆時針旋轉

用雙手將牌逆時針旋轉（往左旋轉）地攪動。重點是要意識著「手要碰到所有牌」這點來進行。

2 接著邊想著占卜主題，邊順時針旋轉

接著一邊想著想占卜的問題，一邊將牌順時針旋轉（往右旋轉）地攪動。請專心地進行到可接受的程度為止。

3 接著切牌 到心滿意足為止

將牌整理成一疊，接著以撲克牌方式切牌。如果沒有寬敞的桌面等地方，可以直接從這一動作開始。

4 整理成一疊後，決定好上下方

在充分切牌後，決定好卡牌的哪一側為上（天）、下（地）。

5 將牌一張張排列

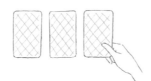

接著按照牌陣配置好卡牌。也可以決定一個喜歡的數字，從「整疊牌上方數來第幾張牌」開始排列。

6 翻開牌面

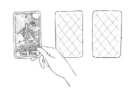

接著一張一張地依序翻開卡牌。可以邊排列牌陣邊揭牌，也可以等配置完成後再揭牌。

POINT

如果想要更輕鬆地享受，也可以不切牌而使用「LUA 抽牌法」

麻將式雖然適用來占卜嚴重的煩惱，但難處是必須準備洗牌地點。因此，我在這裡介紹更為簡單的「LUA 抽牌法」。做法是將整疊牌放在桌上，從心裡認為「就是這裡」的位置拿起一部分的牌，並直接看手上的牌中最靠下那張牌。推薦在占卜「今天的運勢如何？」這類輕鬆的問題時使用。

解讀牌面

請參考直覺與關鍵字雙方

在想著問題翻開牌面後，針對你提出問題的「答案」就在眼前。你或許會想立刻翻開本書確認牌義，但請先稍等一下。

首先，請珍惜自己在翻開牌時那瞬間所感覺到的事物，這是因為對這個問題最清楚的人還是你自己。在看見牌面的瞬間，腦中也可能會突然浮現「這麼說來……」、「搞不好是這樣」等答案，這就是你潛意識中的資訊與牌面上的圖案相連結的證據。那常會是針對問題的最佳解答。

比如說在看到〈正義〉牌時感覺到內疚，在看見〈吊人〉牌時感覺安詳。請確認自己在看見牌面時感覺到了什麼。

如果什麼也沒感覺到，就試著再凝望牌面圖案一會兒。並從人物的表情、背景的主題、色調搭配等，與問題連結並擴展想像力。

即使如此還是解讀不出什麼的時候，或是想獲得不同角度的提示時，再來確認本書的關鍵字，上頭或許寫著如你感覺到的事物，或是出乎意料的內容。如果理解「或許也有這種解讀方式」，再作為答案添加上去。

抽牌之後

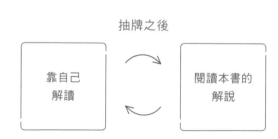

靠自己解讀 ⟷ 閱讀本書的解說

藉由重複這樣的過程，就可產生符合自己風格的「解釋」

為了熟練塔羅牌，最重要的就是重複的過程。如果平時用不慣直覺或想像力，即使看了塔羅牌也可能什麼都感覺不到，或是訴諸於言語。因此在抽了牌後，首先請看著圖案靠自己感覺看看，接著再閱讀本書的解說，並一再重複這樣的過程。這麼一來，就能聯想得愈來愈順利，並增加表現想法的詞彙。

如果得出了不好的結果該怎麼辦？

Answer_1

為了避免不好的狀況
而採取行動

塔羅牌所顯示的是「這樣下去或許會這麼發展」的可能性。如果因為抽到壞牌而放棄，那麼一切就在此結束了；反之如果抽到好牌而欣喜浮躁、毫無作為，也可能會得不到預測的結果。為了「如果得出了不好的結果該怎麼辦」而舉棋不定，是很無聊的事情。請將塔羅牌視為讓自己前進的工具來使用。

Answer_2

試著改變視角
或提問的切入點來占卜

如果占卜考試的合格與否而得出差強人意的結果時，只要接著占卜「那麼，我應該從現在開始加強的科目是？」等進一步的行動，就很有可能成功迴避不好的結果，倒不如說很有可能會因為這樣複習而成功合格！如果是占卜戀愛，並非占卜自己，而是試著占卜對方的觀點，或許也能有新的發現。雖然有人認為「不能一再詢問同樣的問題」，不過即使主題相同，只要換個視角，就算占卜好幾次也無妨。

Answer_3

試著看看
另一個牌組的同一張牌

「偉特塔羅」反映的是作者偉特的價值觀，只要換成其他牌組，又能產生其他解釋。比如說「愛麗絲夢遊仙境塔羅牌」（P72）的〈高塔〉繪製的就是變成巨人的愛麗絲破壞了房子的情況；而「家庭主婦塔羅牌」（P140）的〈吊人〉繪製的，則是花心的丈夫與內褲一起被吊起來的模樣。只要換個牌組看看自己抽到的牌，應該就能對於結果的印象改觀。

Answer_4

不要太過煩惱，
馬上忘記

塔羅牌只不過是占卜，可能準確也可能不準確，並沒有辦法保證結果。正因為如此，如果得出了不好的結果，就算忘得一乾二淨也沒關係。有的人會一再抽牌，直到得到好結果為止，但如果在這期間又抽到壞牌，只會讓自己更為沮喪。倒不如乾脆地忘記，將時間與精力花在更有意義的事情上。

占卜之後留下紀錄

為了進步，也必須關注「結果」

在使用塔羅牌占卜後，你會確認結果怎麼發展，驗證結果到最後一刻嗎？想必就連明確記住結果的人都沒有那麼多。大部分的人應該都是在占卜當下看完得出的結果後，就感到滿足並結束了這件事吧。

這樣當然也無妨，不過如果想更加進步，請養成確認「這個結果是否準確」的習慣。是解讀方向錯誤呢？還是解法太淺薄呢……只要能逐漸累積「抽到這張牌，就會得到這樣的結果」的資訊，也能隨之擴展解讀上的變化。

如果可以，建議你將占卜結果記錄下來。可以將問題與抽到的卡寫在行事曆上，也可以使用手機的拍照功能將牌陣整體拍下，以便日後回顧。

在隔了一段時間後再次占卜時，同一個問題如果抽到同一張卡，或許意味著「因為你沒有成長，卡牌也不會改變」也說不定；如果原本出現在「未來」位置的牌變成出現在「過去」，就能明白狀況確實在前進著。只要跟塔羅牌一同生活，就能看見自己的成長。

有時候或許會遇到占卜結果無法接受，或是完全搞不清楚塔羅牌想表達什麼。這種時候請一邊詢問「請給我提示」，同時試著抽一張牌，這稱作「建言牌」。請試著從這張牌的關鍵字來思考問題的答案。

如果占卜結果失準，原因可能為何？

Answer_1
可能是問題過於曖昧模糊，導致焦點偏移？

你或許是在「Step 1　決定問題」（P144）的階段，沒有確實整理好問題。可能是在主詞或主題模糊不清的情況下占卜，或是並未詳細設定好時期或條件。只要在占卜前仔細思考，確認自己的想法就能提升準確率。有時候甚至是在思考問題的期間，就能得出所煩惱問題的答案，而不需要著手占卜。

Answer_2
可能是不夠認真，或是意念過強？

如果是抱持著「什麼都好，來占卜看看吧」的玩玩心態來占卜，就很有可能會失準，這是因為不夠認真。人們在情況迫在眉睫時，直覺或野性力量就會啟動，而增加準確率。不過，難處在於如果「希望變成這樣」的意念過強，也可能會容易失準。認真、冷靜、取得熱情與自制心之間的平衡，可說是成為塔羅大師的關鍵。

Answer_3
可能是過於依賴占卜，結果什麼也沒做？

有些人會遇到「雖然得出兩情相悅的結果，卻沒能如願」的情況。塔羅牌並非魔法，只是展現了部分可能性。如果牌面顯示出兩情相悅的可能性，就應該採取行動。占卜結果會不準，是因為你過於依賴結果而什麼也沒做的緣故。此外，塔羅牌並不適合用來占卜過久以後的未來，所以「就算現在知道了這點也無法有任何行動」的問題，就很有可能失準。

Answer_4
占卜內容可能觸犯了某些禁忌？

在塔羅牌中被視為禁忌的是占卜他人的死期，以及期望他人的不幸。在提出「該怎麼做才能踢掉競爭對手」、「該怎麼做才能讓那個人分手」這種詛咒他人一般的問題時，就已經會因為邪念過強而無法作出正常的判斷了。此外，「該怎麼做才能改變那個人的想法」這種試圖影響他人的問題也不會準確，因為能夠改變自己的人只有自己。

塔羅牌占卜時的便利道具

基本上,只要手邊有一副牌就能做塔羅牌占卜了。
不過如果進一步準備這些工具,就能讓你的塔羅牌生活更為充實!
在此介紹這樣的兩樣工具。

能讓塔羅牌使用起來更順手的
塔羅牌專用桌巾

所謂的塔羅牌專用桌巾,指的是洗牌時鋪在桌上的布。不可思議的是,只要有了專用桌巾,就能大剌剌地洗牌了。專用桌巾的有無會使占卜者情緒的投入方式或專注力截然不同,因此建議事先準備好這樣作為設置占卜「場所」的工具。至於款式並沒有制式規定,想用自己喜歡的布料製作,或是用方巾代替也 OK。

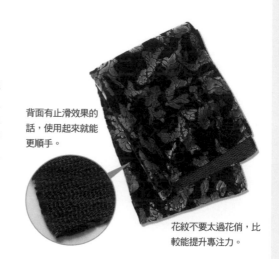

背面有止滑效果的話,使用起來就能更順手。

花紋不要太過花俏,比較能提升專注力。

加速學習的
塔羅牌筆記本

如果想認真學習塔羅牌,就準備一本筆記本如何?你可以將從牌面上感覺到的印象、看著圖案發現的事物,以牌為單位寫進去。此外,也建議將使用塔羅牌占卜的主題、使用的牌陣、抽到的牌以及結果如何等占卜內容記錄下來。這能幫助你更快記住,並能使用屬於自己的詞彙來表現牌義。

試著撰寫以下內容
◆ 從這張牌獲得的靈感
◆ 靈光閃現的詞彙
◆ 從這張牌聯想到的故事
◆ 看著圖案察覺的事物

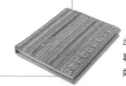

準備一本喜歡的筆記本專門用在塔羅牌占卜上如何?

Chapter

4

排除塔羅牌的障礙！

八堂課程

在此介紹幫助跨越在熟習塔羅牌的過程中
容易令人受挫的障壁，
不可或缺的八堂課程。

塔羅牌占卜的準確度
會隨著占卜次數提高

熟習塔羅牌，能隨心所欲靈活運用的訣竅，就是「試著占卜許許多多的事情」。

只要隨著經驗累積，能從一張牌導出的詞彙增加，那麼無論面對什麼問題都能得出合適的答案，而且還能增加許多「原來所謂呈現牌義是這個意思啊！」的茅塞頓開的經驗。那也是你透過塔羅牌學會觀看各式各樣事物的證據。如此一來，無論在現實生活中面臨怎樣的問題，都能憑自己的力量導出答案吧。

不過，在學習塔羅牌的過程中，總有些容易令人受挫的環節。比如說「無法區分相似牌面的牌義」、「出現逆位就搞不懂意思」、「總覺得似乎不太準」，因此，我要在這裡介紹能跨越障礙的八堂課程。

你可以依序實踐，也可以在遇到不懂的地方時，從可能寫有提示的課程開始學習。

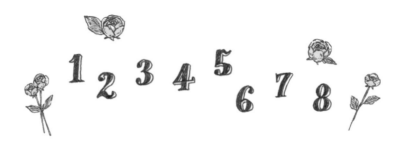

根據煩惱類型推薦課程

接下來將介紹的是突破學習關卡的八堂課程。
請一邊實際使用塔羅牌,一邊嘗試。

因為不準確
而很快感到厭倦……

 總之,每天占卜、
擴展解釋幅度是很重要的。

Lesson 1
提升想像力的
每日單張占卜 前往 P178

只要有形象相似的牌,
就會不知道該怎麼解釋。

 並非靠硬背死記,
了解其中差異才是捷徑!

Lesson 2
以11組牌
掌握大阿爾克那 前往 P182

小阿爾克那牌張數過多,
對卡牌的印象很淡。

 只要著眼於「數字」,
就能很快掌握小阿爾克那。

Lesson 3
以數字辨別小阿爾克那 前往 P186

只要出現逆位,
就會搞不懂意思。

 只要從正位的牌義來思考,
解讀就會一口氣變簡單!

Lesson 4
流暢解讀逆位的訣竅 前往 P192

有沒有只看一眼
就能解讀的方法?

 試著從圖案
來擴展靈感吧!

Lesson 5
從牌面圖像中發現提示 前往 P196

希望占卜方式
能有更多變化。

 試著在卡牌張數上
變化吧!

Lesson 6
配合目的調整抽牌張數 前往 P200

排列出來的牌一多,
解釋起來就很辛苦!

 不要被個別卡牌侷限,
試著觀看整體。

Lesson 7
審視整體牌陣尋找提示 前往 P202

希望能不只占卜自己的事,
也能替別人占卜。

 只要下點工夫,
就會改變帶給對方的影響。

Lesson 8
替人占卜時需銘記在心的事 前往 P204

提升想像力的
每日單張占卜

占卜各式各樣的事情以擴展塔羅牌解讀的幅度！

塔羅牌是非常自由的，並不存在「只能占卜嚴重煩惱的事情」這種規則。

想占卜比如說「今天的午餐要吃什麼」、「我該帶傘出門嗎」、「該買哪種商品才好」等小事都是 OK 的。

倒不如說，試著占卜許多事情才是進步的捷徑。

如果有在意的事情就輕鬆地抽張牌，這稱作「每日單張占卜」。一開始可先只看大阿爾克那的正位，習慣後再加入小阿爾克那以及逆位的意義。

重點在於即使抽到了不滿意的牌或是無法解讀的牌，也不因此而重抽，而是就這樣接納。然後將抽出的牌記錄下來，看看最後的結果如何發展。

這時候最重要的並不是結果準確與否，而是試著驗證抽出的牌與實際發生的事實之間一致的部分。

只要藉此得知「這張牌也有這種意義」、「也可以這樣解讀」並逐漸增加資訊，在占卜真正的煩惱時，也能做出範圍更大的解釋。請務必試著享受每日單張占卜看看。

來看看抽出的牌與所發生的事情之間的相符程度吧。占卜運勢時出現〈戀人〉，當天的戀情卻沒有發展。不過〈戀人〉中也有「夥伴」的意義在，如果有跟同事之間建構起默契十足的聯繫，那就是〈戀人〉牌所顯示的內容；如果收到水果，也可以說是能聯想到〈戀人〉中「禁忌果實」的事件。請從塔羅牌的角度來回顧一整天，尋找吻合的部分。

Case 1 | 現在去 ATM，人會很多嗎？

如果是會花很長時間才能得知結果的事情，甚至連曾經占卜過這件事本身都可能被遺忘。所以簡單地占卜能立刻得知結果並驗證的事情，來確認一下結果吧。

愚者

人很少，可以順利地進去。

惡魔

擁擠而無法前進，自己被困住……

高塔

ATM 搞不好故障了!?

Case 2 | 今天的天氣如何？應該帶傘出門嗎？

占卜「會、不會下雨」、「會、不會接電話」等，結果能由第三者揭曉的事情也不錯。應該也能看得出「如果抽到這張牌表示很難聯繫上」等傾向。

世界

一整天都會是晴天！

權杖十

傘或許會成為礙事的行李。

聖杯五

遇到大雨而淋成落湯雞……

Case 3 | 今天的午餐要吃什麼才好？

將牌義替換成食材或服裝等具體物品來聯想，也是個不錯的訓練方式。試著占卜菜單或購物等的最佳選擇看看吧。

女皇

在咖啡廳享用附甜點的午餐。

戰車

能迅速吃完的漢堡。

死神

能用來轉換心情的蕎麥麵。

問題範例

- ◆ 今天一天的運勢如何？
- ◆ 建議假日怎麼度過？
- ◆ 今天的時尚裝扮為何？
- ◆ 重要的磋商會怎麼發展？
- ◆ 我現在如果打電話給○○先生，對方會有什麼反應？
- ◆ 今天別人會介紹對象給自己認識，初次見面的對方是怎樣的人？
- ◆ 要送土產給朋友，送什麼食物會令對方高興？
- ◆ 暑假去哪裡玩的話，滿足度會最高？
- ◆ 情人幾點會來家裡？

每日關鍵字集

這裡準備了最適合用來粗略確認占卜結果的5個主題，
請務必使用大阿爾克那（正位）來占卜看看。

	塔羅牌	基本 KEYWORD	GO or STOP	物品	食物	時尚	對方的反應
0	愚者	自由	順其自然地 GO	毫不吝惜／可用／湊合著用	偷吃或試吃品	便服般的輕鬆風格	迎合人的態度／音訊不通
I	魔術師	創造力	確實擬定計畫後 GO	用起來似乎很方便	似乎能醒腦的食物	加入流行的時尚	似乎會告訴人許多事
II	女祭司	精神性	STOP，深思熟慮	或許馬上就不再使用	似乎不太會發胖的食物	乾淨素雅的形象	感覺冷淡
III	女皇	愛	只要內心游刃有餘就 GO	只要得到就感到滿足	雖然會發胖但美味的食物	異性似乎能接受的裝扮	似乎會溫柔地籠罩人的感覺
IV	皇帝	社會	只要看似沒有風險就 GO	今後似乎能長久使用下去	很耐餓的食物	男性化且剛硬地	態度值得信賴
V	教皇	倫理道德	只要不對自己說謊就 GO	每使用一次就會更加中意	長期暢銷食品	正式的氛圍	似乎無論什麼都會傾聽，並給予提示
VI	戀人	舒適愜意	STOP，現在先看看情況	似乎會大為活躍	作為餐間點心的零食	可愛且輕便	似乎會令人感到愉快
VII	戰車	能量	GO！一口氣前進	堅固且容易使用	能迅速吃完的食物	方便活動的褲裝	似乎會令人變得有精神
VIII	力量	本質上的力量	如果有夥伴就 GO	真可惜！差強人意	精力餐點	適合見面對象或場所的裝扮	似乎能配合你
IX	隱士	探究	STOP，暫時看看情況	只是買下卻不使用	上癮的食物	成熟而不顯眼的感覺	或許會遲遲聯絡不上
X	命運之輪	命中註定	如果機會降臨就 GO	感覺到命中註定而購買，卻……	自己愛吃的食物	穿你想穿出門的衣服	或許正在想著你

GO or STOP
在想占卜「該前進、該停住腳步還是該暫時擱置」時使用。

物品
呈現出從塔羅牌聯想到的物品，在購物時可作為參考。

食物
呈現出塔羅牌象徵的食物，可活用於選擇餐點上。

時尚
呈現出塔羅牌象徵的時尚，在思考服裝搭配時可派上用場。

對方的反應
呈現出對方處於何種狀態，可試著在打電話或寄信前占卜看看。

塔羅牌		基本 KEYWORD	GO or STOP	物品	食物	時尚	對方的反應
XI	正義	平衡	STOP，嚴格判斷	或許雖然會使用，卻不太合喜好	營養均衡的食物	整齊乾淨的服裝	態度冷靜
XII	吊人	靜止	STOP，不要勉強	似乎有些煩惱是否順手	平常不太吃的食物	呈現不平衡感的裝扮	現在似乎不是聯繫的時候
XIII	死神	定數	GO，即使前進也不會有任何改變	其實並不需要才對	餘味清爽的食物	俐落而簡單的衣服	可能會聯絡不上
XIV	節制	反應	參考他人意見或資訊後 GO	用起來方便而大為活躍	食材豐富的拼盤	能應對氣溫變化的服裝	似乎能相談甚歡
XV	惡魔	咒縛	STOP，總覺得會陷入困境	似乎很快就會厭倦	垃圾食物	性感且有魅力的服裝	似乎會擺出自私自利的態度
XVI	高塔	破壞	如果有不回頭的決心就 GO	大受打擊！買了或許會後悔	罕見的食物／從沒吃過的食物	搭配具衝突感的服裝	似乎會引發某些麻煩
XVII	星星	希望	如果能夠預測就 GO	就算外表很棒，卻很快就會壞掉	對身體很好的食物	閃亮耀眼的裝飾	似乎能給予好印象
XVIII	月亮	神祕	STOP，摸索的狀態很危險！	可能會覺得受騙上當了	發酵食品	穩重的成熟氛圍	曖昧模糊的回應與態度
XIX	太陽	歡欣	GO，努力應該能開花結果	活躍而大感滿意	在田裡採收的食物	意識到戶外風格的健康裝扮	似乎能令人感到高興
XX	審判	解放	不要錯過好機會，GO	現在不買可能就買不到了	身體所需的食物	展現季節感的時尚	對方似乎也想跟你交談
XXI	世界	完成	GO，完成就在眼前	追加到中意物品清單裡	你最喜歡的食物	展現自己風格的裝扮	似乎正在等你聯絡

以11組牌
掌握大阿爾克那

只要以兩兩成對的牌為單位來記，就更容易看出「差異性」！

首先想要確實熟練堪稱塔羅牌基礎的22張大阿爾克那。

但是一旦遇到〈死神〉、〈惡魔〉等形象相似的牌，或是〈正義〉、〈審判〉等意義抽象的牌，許多人就會無法分辨。

即使想將牌義一張張背起來，卻總會碰上像這樣的高牆。

記住塔羅牌的訣竅，就是一邊與其他牌比較一邊理解。藉由比較哪邊相似、哪邊相異，那張牌所蘊含的意義就會更加顯眼。

因此，我想特別在這裡介紹「11組牌」這個思考方式。

如〈1魔術師〉與〈19太陽〉、〈5教皇〉與〈15惡魔〉一般，大阿爾克那中的數字加起來等於20的兩張牌之間，有著深厚的關聯。藉由確實記住其共通點，就能更容易了解有何不同、特徵為何了。此外，由於不是以22張牌為單位，而是以11組牌為單位來記，因此也格外能提升熟習的速度。

如果在鑑定時遇到無法解讀的牌，就請試著回想成對的另一張牌，這麼一來或許能獲得提示。

試著在兩張牌中找出共通主題吧。〈5教皇〉與〈15惡魔〉的共通點在於「侍奉神的人」與「背離神的人」；而〈7戰車〉與〈13死神〉的相似之處，在於「前往戰場的人」與「令其死亡的人」這點。請一邊比較著圖案一邊思考共通主題。只不過，〈10命運之輪〉與〈21世界〉是加起來超過20的特殊組合。

0 20
愚者　　　　審判

「未定」與「決定」

〈愚者〉代表的是什麼都還沒決定、無法決定的狀況；相對地，吹響天使號角的〈審判〉則暗示著做出重要決定，或是應該下決定的時刻到來。

1 19
魔術師　　　　太陽

「開始」與「終點」

〈魔術師〉充滿著「接下來要展現自己的力量」的自信和興奮感；相對地，如同〈太陽〉可見後方的牆壁，表現出已經完成某件事，並懷抱著以自己的力量實現的喜悅。

2 18
女祭司　　　　月亮

「黑白」與「灰」

這兩張牌均描繪了月亮、暗示著肉眼看不見的世界。〈女祭司〉如同背後的柱子所呈現的，是張黑白分明、充滿緊張感的牌；相對地，有盈有虧的〈月亮〉則呈現出漸層般的朦朧感。

3 17
女皇　　　　星星

「成熟女性」與「處女」

身著華麗禮服的〈女皇〉，與一絲不掛的〈星星〉。兩者在占卜中都代表著內心充滿愛與希望、美麗的事物。而兩者間的差異在於〈女皇〉代表的是「已經納入手中而游刃有餘」，年輕的〈星星〉則代表著接下來才要伸手探向機會。

4 ·········· 16
皇帝　　　高塔
「穩定」與「革新」

兩者均意味著無可撼動的強悍、大膽，差異則在於憑藉其力量成就了什麼。〈皇帝〉建造國家或高塔，並決心守護；而〈高塔〉則是將其破壞。建構起什麼之後破壞，是暗示著事物汰舊換新的一組牌。

5 ·········· 15
教皇　　　惡魔
「理性」與「欲望」

侍奉神的〈教皇〉與背離神的〈惡魔〉，可說是淺顯易懂的對比。相較於重視理性或倫理道德的〈教皇〉，〈惡魔〉則意味著無法抗拒的本能欲望，誘人邁向墮落之道。也可從精神與肉體這一面來解讀。

6 ·········· 14
戀人　　　節制
「愉悅」與「好奇心」

這組是象徵著溝通的牌。〈戀人〉代表的是合得來的喜悅，而〈節制〉則代表著展開討論、互相理解的樂趣。在與他人之間的關聯上，〈戀人〉代表的是步調一致，〈節制〉則是期待著深層的化學變化。

7 ·········· 13
戰車　　　死神
「勇往直前之人」與「終結性命之人」

這組是以戰場為舞臺的牌。朝著目標勇往直前的〈戰車〉，與意味著戰爭終結的〈死神〉。生與死，乍看之下似乎相反，但不顧一切地往前衝的〈戰車〉處於一心一意的狀態，也是接近〈死神〉境界的狀態。

8 ·········· 12
力量　　　　吊人

「動」與「靜」

猛獸與倒吊，是就處於「散發危機感的狀況下」情境相似的一組牌。雖然兩者都是無法隨心所欲動彈的狀況，但〈力量〉呈現的是不畏懼害怕地試圖馴服敵人的姿態；相較之下，〈吊人〉則是靜靜忍耐，重新審視自己。

9 ·········· 11
隱士　　　　正義

「內在世界」與「現實社會」

〈隱士〉手持提燈與權杖、〈正義〉手持天秤與寶劍，兩者皆拿著具象徵性的物品。冷靜地加以制裁的〈正義〉面對著世間社會；相對地，〈隱士〉則是凝視著過去的回憶或理想等內在世界。

10 ·········· 21
命運之輪　　　　世界

「過程」與「完成」

這組是代表命運之流的牌。如果要譬喻，〈命運之輪〉是角子機正在旋轉的狀態，〈世界〉則是已經停下得出結果的狀態。繪製在角落的四聖獸從粗略的筆觸到完成型態的變化這點也令人深感興趣。

POINT

使用馬賽塔羅牌時，可如何思考？

馬賽塔羅牌（P24）的牌序不同於偉特版，變成〈8正義〉、〈11力量〉。這時就會變成〈8正義〉與〈12吊人〉成對，這麼一來共通點就變成禁欲克己與自制心；〈9隱士〉與〈11力量〉則是沉穩的大人、達觀的形象很相似。只要改變 Deck，圖案也會隨之改變，所以浮現的形象當然也能自由變化。

8正義　　12吊人　　9隱士　　11力量

以數字辨別
小阿爾克那

只要跨越花色的藩籬，就能看見共通主題

一想到即使記住了22張大阿爾克那，還有56張小阿爾克那在前面等著，一定會有人嚇壞了吧。而且小阿爾克那難以看出跟大阿爾克那一樣的明確主題，遇到形象相似的牌時，或許很容易混淆。

在這種時候，能作為線索的就是「數字」，從一（ACE）到十的數字存在著意義。在塔羅牌中，據說偉特版受到源自猶太教的神祕思想——卡巴拉與數祕術的影響，只要事先理解基本的數字意義，就能更明確地得知卡牌究竟在表示什麼。

接下來就來看看各種花色從一到十的牌究竟是如何呈現的。

比如說，一代表的是能量來源。繪製在背景裡的景象分別對應火、地、風、水四種元素，並分別暗示了熱情、物質、思考、情感等發展事物的動機。

從侍者到國王為止的宮廷牌並未對應數字，不過根據職務不同，也有各自的涵義。

只要以權杖、錢幣、寶劍、聖杯四種花色作為行，從一到十的數字作為列構成表格，相信就算是牌數眾多的小阿爾克那也能迅速統整完畢。

小阿爾克那不像大阿爾克那一樣有著名字，所以也建議自己「替牌取暱稱」。比如說，因為〈錢幣二〉中的人物轉玩著兩枚錢幣，所以我取名為「周轉牌」；〈聖杯三〉則因為是眾人舉杯慶祝，所以我取名為「酒聚牌」。你也可以替小阿爾克那取些暱稱，加深彼此之間的感情。

一　各種事物的起始

| 權杖一 | 錢幣一 | 寶劍一 | 聖杯一 |

〈一〉為從雲中伸出的神之手捧著各種花色，代表著「起始」。是小阿爾克那牌中最強的，該花色的性質以純粹的形式展現出來。請注意背後的景色，權杖為山中城堡，錢幣為豐饒的庭園，寶劍為陡峭山脈，聖杯為美麗的湖泊。

二　被迫面臨二選一

| 權杖二 | 錢幣二 | 寶劍二 | 聖杯二 |

除了〈一〉所呈現的最初動機外，還展現出另一項因素。〈二〉在精神與物質、光與影等相異的事物間搖擺著。權杖描繪的是現狀與目標，錢幣正是所謂的籌措錢財，寶劍為夾在兩者之間左右為難，聖杯則是交換想法的男女。

三　產生變化，開始行動

| 權杖三 | 錢幣三 | 寶劍三 | 聖杯三 |

兩點相連形成線，三點相連就會形成三角形，展現出動態。權杖代表前往新的目的地，錢幣代表著機會降臨，聖杯代表著夥伴間互相理解。至於寶劍雖是看似心痛的景象，卻代表著從穩定的狀況跨出一步，邁出步伐自然也會伴隨著相應的痛楚。

四　毫不動搖的穩定

權杖四　　　錢幣四　　　寶劍四　　　聖杯四

東西南北、春夏秋冬，最具有穩定感的數字就是〈四〉。因此〈四〉的牌全都是最為冷靜沉穩的。權杖為在安全場所放鬆生活的人們，錢幣為守護某些事物的人，寶劍為獲得短暫安歇的人，聖杯為閉眼沉思的人。不過也同時暗示著停滯。

五　故事的轉捩點

權杖五　　　錢幣五　　　寶劍五　　　聖杯五

如同「四捨五入」這個詞，〈五〉是巨大的轉捩點。想必你已經察覺景色與〈四〉截然不同了。權杖為戰爭隨即展開，錢幣為遭貧困逼得走投無路，寶劍為趕走敵人，聖杯則為悲傷度日。每一張都呈現略為險惡的景象。

六　取得平衡

權杖六　　　錢幣六　　　寶劍六　　　聖杯六

〈六〉的主題為天地間的協調，同時也是美德與不道德之間的糾葛。權杖為勝利，錢幣為慈善，聖杯為鄉愁，每張牌都能看見美麗的景色。而寶劍看似正在逃跑，實際上卻是如何呢？請注意看到〈六〉的牌時，從你內心湧現的情感是傾向哪個面向。

七　為了以更前方為目標的糾結

權杖七

錢幣七

寶劍七

聖杯七

代表智慧的數字〈七〉的特徵是分別獲得了某些事物。權杖是比別人更上一層的地位，錢幣為開花結果，寶劍為偷竊的幾把劍，聖杯則是數量眾多的夢想與願景。正因為獲得了什麼才會有所糾結，並描繪了從中進一步延伸的探究心。

八　邁向更上一層樓

權杖八

錢幣八

寶劍八

聖杯八

每一張〈八〉都暗示著前往下一個階段。權杖是如同瞬間移動般橫越天空的棍棒，錢幣是憑藉踏實的努力以下個階段為目標，聖杯也蘊含了前往新天地的情境。而寶劍雖然看似被包圍，但前方並沒有障礙物，顯示著無法回到背後的城堡，只能向前邁進。

九　至今為止的流勢抵達地點

權杖九

錢幣九

寶劍九

聖杯九

一位數最後一個數字〈九〉，代表著獲得一定程度的幸福的狀態。權杖為應該守護的土地，錢幣為庭園所象徵的地位，聖杯為如同眾多勛章的杯子，而寶劍則是因為獲得幸福而作了有關失去的惡夢。不過，每一張牌都呈現出未完待續的預感。

十　存在於完成前方的事物

權杖十　　　錢幣十　　　寶劍十　　　聖杯十

從〈九〉的抵達進一步往前，到達的就是〈十〉。權杖為肩負過多導致耗盡熱情，錢幣為傳承至下一代後，自身生命的結束，寶劍為一個想法的結束，聖杯呈現的則是「大家都獲得幸福」故事的結束。

侍者　見習的少年

權杖侍者　　　錢幣侍者　　　寶劍侍者　　　聖杯侍者

「侍者」指的是侍童。年紀尚輕，判斷事物的基準也單純。請注意他們的內心狀態與個性。權杖為熱情的，錢幣為正經的，寶劍為知性的，聖杯浮現的則是親切的表情。也請確認看看他們裝扮上的差異。

騎士　血氣方剛的戰士

權杖騎士　　　錢幣騎士　　　寶劍騎士　　　聖杯騎士

既然是〈騎士〉，共通點就在於每張牌上的人物都騎著馬匹。由於表現的是充滿活力的青年時代，特徵在於仍相信未來的可能性，並具有積極性與行動力。權杖為勇猛，錢幣為耿直，寶劍為謀略，聖杯展現的則是友愛的形象。

王后　女性特質與精神性

權杖王后　　　錢幣王后　　　寶劍王后　　　聖杯王后

〈王后〉為在精神上成熟、具有人望的成年女子。不過若是顯示逆位，則代表放棄成長、提升魅力，突顯出卑躬屈膝的行為。權杖為開朗，錢幣為勤勉，寶劍為敏銳，聖杯為展現溫柔的女性形象。

國王　男性特質與功利性

權杖國王　　　錢幣國王　　　寶劍國王　　　聖杯國王

〈國王〉為活用實務上的經驗，建構合適環境的成年男子。雖然透過日積月累的努力獲得了地位與名譽，逆位卻呈現出因自私自利而採取行動的一面。權杖為大膽，錢幣為沉穩，寶劍為冷靜，聖杯則代表著包容力。

POINT

從數字解讀塔羅牌擁有的氣勢

除了一（ACE）以外，卡牌的數字愈大，能量也愈強。〈二〉為剛起步而尚能回頭的階段，但在超過〈五〉，來到〈八〉、〈九〉後，事物就已經確定了路線。如果出現在牌陣中的牌多為數字較小的牌，代表問題還在起始階段，而多為數字大的牌時，就表示問題已經來到了最後局面。

此外，奇數代表主動，偶數代表被動，在排列牌陣時也可採用這種分類方式作為解讀的提示。

能否四捨五入？

4以下
問題才剛開始，變化的可能性很大。

5以上
問題已經來到最後階段，很快就會出現結果。

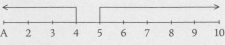

A　2　3　4　5　6　7　8　9　10

奇數？ 偶數？

奇數
男性特質。積極地採取行動的狀態。攻勢。

偶數
女性特質。消極地不主動作為的狀態。守勢。

流暢解讀
逆位的訣竅

到頭來，基礎還是該如何從正位延伸

　　想必有許多人會在解讀逆位的階段受挫。即使能解讀正位，不過一旦遇到逆位，「為什麼會變成這個意思？」、「為什麼不同的書，解說就不一樣？」應該也有人會如此心生疑問。

　　其實，逆位並沒有「絕對要這麼解釋」的意義存在，這是會根據拋出問題的內容或解讀者的感性改變的。話雖如此，也並非完全沒有規律可言。

　　希望各位記住的是，到頭來基礎還是正位。接下來，本書會根據這點介紹①逆位為正位的完全相反面、②正位為積極正向，

逆位為消極負面、③逆位為不到正位意義的狀態──以上三種模式的解釋案例。

　　根據採用何種解釋，答案也可能會180度大轉變。或許你會心想「這麼隨便真的好嗎？」不過如同我至今為止所說過的，塔羅牌不存在標準答案。

　　占卜者本人基於各式各樣的狀況、至今為止所見所聞的資訊以及直覺等，憑藉靈感所導出的答案就是最佳解答。

　　請從三種模式的解釋中，選出你個人覺得最合適的方式。

別一口咬定逆位就一定是不好的，請傾聽內心的聲音。在你看到顛倒的牌時，內心會做出的反應就是提示。如果浮現負面的預感，或許表示你本身有底，認為「或許會這樣發展」。不過只要調整行動，即將造訪的未來或許就會改變；如果感覺並沒有太糟，就沒有必要視為負面的。

該怎麼解釋逆位才好？

Answer_1

呈現出正位狀態的
完全相反面

這可以說是解釋逆位的基礎。解讀時不去考慮意義的好壞，而是單純地翻轉正位關鍵字的方式。比如說〈月亮〉的正位為「朦朧不清」，逆位就解讀成「逐漸明朗」；〈節制〉的正位為「接納」，逆位就成了「拒絕」；原本為「勇往直前」的〈戰車〉，換作逆位就可解讀成「翻滾而沒有前進」、「膽怯地後退」等。

Answer_2

出現正位狀態的
消極負面意義

以正位的意義作為基礎，解讀為過度狀態或突顯其不好的一面的情況。比如說〈愚者〉雖為「自由」，但逆位就成了「過度自由而不負責任」；〈戰車〉的正位為「勇往直前」，換作逆位就成了「失控」；〈月亮〉的情況則是強調「比正位的狀態更為模糊不清而混亂至極」；如果是〈節制〉就可以解讀成「過度包容而失去平衡」。

Answer_3

不到正位狀態

此外，還有以正位的意義作為基礎，解讀成「不到這程度」、「半吊子」、「不確定，還很弱」的方式。比如說，〈世界〉出現正位代表著「完成」，出現逆位的情況則可以解讀「尚未完成」、「雖然完成了卻沒什麼大不了的」。此外，同樣也沒有「這張牌一定要採用這個規則」的規定，請依照狀況試著自行延伸關鍵字。

POINT

一開始就決定好
不考慮逆位也 OK

如果覺得會被逆位的解釋耍著玩，一開始就不考慮正逆位也 OK。在塔羅牌占卜師當中，同樣也有決定「不採用逆位」的人存在。此外，也有人單是在「未來」或「最後結果」的位置出現逆位的牌，就會感到不安。如果是內心煩惱、軟弱的時候，可以決定不採用逆位的解釋方式，如果無論如何都十分在意卡牌顛倒的狀態，則只將感覺似乎有意義的牌視為逆位解讀也無妨。

Case 1	與情人之間的關係 降到冰點， 今後會如何發展？	Case 2	如果接受 新工作的 OFFER， 會怎麼樣？

死神（逆位）
如果是正位，
就是表示「終結」的意思……

如果以「完全相反面」來解讀
戀慕之心漸漸復活

解讀成並非「徹底斷絕而終」，而是從這一刻朝著復活前進。如果採用這個解釋，就表示戀情還有希望。

如果以「消極負面」來解讀
緣分沒斷乾淨，半死不活的狀態

沒有乾脆地結束關係，長久持續著若即若離的微妙狀態。痛苦的時間拖得比正位還長，或許會感到痛苦。

如果以「不到」來解讀
距離結束還差一步

關係雖然有結束的跡象，卻沒有足以抵達終結的氣勢。是「雖然提過分手，卻不是認真的」之類的狀態。

錢幣三（逆位）
如果是正位，就是表示
「技能受到認同」的意思……

如果以「完全相反面」來解讀
雖有技能卻不受到認同

如果將〈錢幣三〉視作機會，就是雖然具備確實的技術，卻沒能獲得公諸於世的機會的狀態。

如果以「消極負面」來解讀
雖然受到認同卻失敗了

雖然實力受到認同，獲得了機會，實際上卻不具備相應能力，因此失敗後導致對方感到失望的狀態。

如果以「不到」來解讀
打一開始根本沒有技能

解釋成努力或力量打一開始就不到能獲得他人評價的階段，仍在修行當中。

Case 3

現在正在找工作，今後的工作運如何？

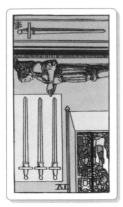

寶劍四（逆位）
如果是正位，就是表示「休息重整態勢」的意思……

如果以「完全相反面」來解讀
比起休養，活動更為重要

「休養」的完全相反面就是「活動」。可解釋成「休養結束，該動一動了」或是「現在需要的不是休息而是活動」。

如果以「消極負面」來解讀
休息過頭而懶散

若是著眼於休養的弊病「過於懶散而回不了前線」這一點，就會這麼解釋。

如果以「不到」來解讀
休息得還不充分

可以解釋成尚未確實休養，尚未完全恢復，即使想休息也沒有機會休息。

POINT

實際將牌顛倒過來端詳，就會獲得提示

在這裡介紹了三種逆位的解釋模式，不過完全沒有必要照做。「將關鍵字反過來」的做法或許反而會讓某些人更為混亂。

這種時候，請簡單地凝視著顛倒的牌面。只要倒過來看，就能夠注意到不同於以往的部分，擴展想像力，並產生截然不同的解釋。如果你感覺得到以逆位出現的牌「似乎具備某些特殊意義！」，請務必仔細地加以確認。

吊人

〈吊人〉以逆位出現，就像從腳痛中解脫，看起來像要升天似的。此外，頭部後方的光芒也比正位時更加醒目。

權杖七

男人在正位時處於優勢，但換作逆位後，就成了被逼進絕境的狀態。或許也能解讀成「從頂點被趕下來」。

聖杯九

杯子整齊排成一列，但換作逆位後，內容物就會全部流掉，變得空空如也。中央的男人看起來也像是要墜落似的。

從牌面圖像中發現提示

只要仔細審視，成為關鍵的物品就會浮現出來

在塔羅牌的圖案中藏有許多資訊，請試著仔細審視一張牌的圖案。人物的表情、手中的物品、身穿的服裝、背景的模樣、象徵各花色的物品排列方式等等……

比如說，象徵生命力的太陽並不是只出現在〈太陽〉，也有繪製在〈戀人〉上，或許是為了表現出「戀愛賦予活著的喜悅」也說不定；而〈死神〉中同樣也繪製了日出的模樣，則是暗示著在生命結束的同時，也有某些事物即將展開。

只要像這樣從圖案來聯想意義，就沒有必要死背關鍵字了。請從首先映入眼簾的主題開始，自由地發揮想像力吧。

雖說圖案會因為不同牌組而異，但是並沒有「偉特版是正確的，其他的是錯誤的」這種事。繪製每一個牌組的人所認為的〈正義〉或〈死神〉呈現方式不一，並沒有任何好壞。倒不如說，只要使用不同的牌組，甚至能注意到至今為止從未看過的主題，並獲得新的見解或靈感。接下來將會以偉特版為準，介紹各主題的基本意義。

在看著塔羅牌時，首先映入眼簾的應該是顏色吧。在展開牌陣時，也能賦予「有許多藍色印象的牌」、「紅色莫名顯眼」這樣的提示。藍色的牌如果很多，或許表示你現在正十分冷靜地面對問題；而紅色顯眼時，或許就表示你非常積極。

紅
紅色是鮮血的顏色，象徵生命力、熱情、愛、意志、決心、積極性、男性特質等。

藍
藍色為神性或靈性的顏色。除此之外也意味著純潔、謙遜、理性、平靜等。

黃
黃色是最為明亮的顏色，代表著太陽或光輝，並象徵開花結果、收成、孩子、財運。

白
代表純潔無瑕的白色為神聖的象徵。也顯示解放、放鬆、有自我風格。

黑
意味著欲望、祕密、格調。如同使用在〈死神〉上，也暗示著終結。

綠
綠色令人聯想到嫩葉，象徵年輕、成長、希望。此外也是意味著健康的顏色。

自　然

看著塔羅牌時雖然容易注意到人物，但其背景還繪製了豐饒的自然景物。

太陽

象徵生命力，充滿喜悅的狀態。如同太陽會升起與西沉般，也暗示著起始與終結。

繪製的塔羅牌
愚者／戀人／死神／節制／太陽／寶劍十

月亮

關鍵字為神祕或女性特質。如同月有盈虧般，也意味著事物的盛衰。

繪製的塔羅牌
女祭司／戰車／月亮／寶劍二／聖杯八

雲朵

代表著不確定性，或是像各花色的〈一（ACE）〉一般代表著神聖存在。也請注意雲朵形狀。

繪製的塔羅牌
戀人／命運之輪／審判／世界／寶劍三／
聖杯七　等

山脈

山脈或金字塔為考驗或挑戰的象徵。此外也意味著聖地或宇宙中心。

繪製的塔羅牌
愚者／皇帝／戀人／力量／隱士／權杖一／
聖杯騎士　等

水

暗示著深層心理或想像力。波浪代表精神狀態，河川則意味著淨化或溝通想法。

繪製的塔羅牌
女祭司／女皇／皇帝／戰車／節制／星星／
月亮／審判　等

薔薇

因顏色而異。紅薔薇代表愛、熱情或完成；白薔薇則暗示著純潔或尊敬。

繪製的塔羅牌
愚者／魔術師／教皇／死神／權杖二／
權杖四／寶劍九　等

向日葵

跟太陽一樣是光輝能量的象徵。繪製了這種花的牌則暗示了明亮或生命力。

繪製的塔羅牌
太陽／權杖王后

葡萄

葡萄為豐饒或收穫的象徵，但視情況也意味著瘋狂或對墮落的思告。

繪製的塔羅牌
惡魔／權杖四／錢幣九／錢幣十／錢幣國王

百合

貞節與和平的象徵。如同純白百合般，暗示著純粹而無垢的精神狀態。

繪製的塔羅牌
魔術師／教皇／權杖二／錢幣一／聖杯六

庭園

散發著和平氛圍的庭園，象徵著安歇、樂園、內心豐裕或是聖地。

繪製的塔羅牌
戀人／權杖四／錢幣一／錢幣九／
聖杯三　等

人 物

繪製在塔羅牌上、個性豐富的人物們，
其表情或身體面對的方向也藏有提示。

朝向正面

確實面對眼前問題的狀態。看
起來就像在逼近自己，或許也
代表某些暗示。

繪製的塔羅牌

魔術師／女祭司／女皇／皇帝　等

朝向側面

並非正面面對，而是從其他角度
面對問題的狀態。朝向右邊暗示
著未來，朝向左邊則暗示著過去。

繪製的塔羅牌

愚者／隱士／死神／權杖六／寶劍七　等

背影

代表的是沒有映入眼簾的事
物、逃避，或是邁向新的階
段。也意味著別離或終結。

繪製的塔羅牌

權杖三／權杖十／寶劍六／寶劍十／
聖杯八　等

赤身裸體

表現出原原本本的純粹。比起
身穿衣服的人物更直接面對自
己的情感。

繪製的塔羅牌

戀人／惡魔／星星／太陽／審判／世界

翅膀

代表神聖或自由。看著〈節制〉等
牌時，請不只關注天使的翅膀，
也特別注意加了裝飾的翅膀。

繪製的塔羅牌

戀人／戰車／命運之輪／節制／惡魔／審判／
聖杯二／聖杯騎士　等

無限（∞）

永恆、宇宙、生命的象徵。在
解讀牌義時，可一邊意識著反
覆或無限。

繪製的塔羅牌

魔術師／力量／世界／錢幣二

POINT

身上的物品也是重要提示

繪製在塔羅牌上的人物
出乎意料地時髦。每張
牌都帶有強調該張牌意
義的時尚。比如說衣服
的圖案或首飾愈多，就
代表身分高貴；圖案為
花朵或動物，或為占星
術的符號；宮廷牌的人
物身穿同系列圖案的服
裝等，從這裡也能發現
個中意義。

權杖七

仔細一看，左右的鞋
子不同款。或許是慌
忙出門所導致。

錢幣九

身穿華麗禮服，是因
為家裡很有錢？搞
不好是某人的情人。

寶劍九

繪製在毛毯上的神祕
花紋，似乎是占星術
的符號。

其他

仔細觀看牌面，
可發現繪有令人吃驚的主題。

建築物

大棟建築物顯示出權力或壓抑，小而遙遠的建築物則代表房子或團體。

繪製的塔羅牌
戰車／死神／高塔／月亮／權杖一／
權杖四／錢幣四／寶劍八／聖杯十　等

船隻

象徵著旅行或航海等攸關安全的事物，但也暗示著啟程前往另一個世界。

繪製的塔羅牌
死神／審判／權杖三／錢幣二／寶劍六／
聖杯國王

馬匹

顯示繁榮或征服力。由於馬匹的表情或跑法也代表精神狀態或運勢，請注意這點。

繪製的塔羅牌
死神／太陽／權杖六／各花色的騎士

狗

如同狗是人類最忠實的夥伴或看門狗，帶有忠誠心或保護的意義。

繪製的塔羅牌
愚者／月亮／錢幣十

獅子

代表著力量、能量、野性欲望。〈力量〉所繪製的可說是最具象徵性的圖案。

繪製的塔羅牌
力量／權杖王后／權杖國王／聖杯二

圖形

四邊形代表穩定或大地；三角形代表協調或火；圓形則為永恆或完全的象徵。

繪製的塔羅牌
皇帝／戰車／正義／節制　等

POINT

也請注意花色象徵的方向與配置

在小阿爾克那牌中，繪製著與牌的數字相同數量的各花色象徵物品。有時整齊排列，有時排成不可思議的形狀，有時交錯或亂七八糟……其實這其中也隱藏了重要的資訊。因為花色是最能清楚表現該元素狀態的部分。請確認這在牌中是如何呈現的！

寶劍王后
寶劍筆直豎立，意義直接呈現。

寶劍五
到處散放著寶劍，元素的意義混亂。

寶劍二
寶劍斜擺，為元素的意義扭曲的狀態。

配合目的
調整抽牌張數

想根據主題改變抽牌張數也 OK

目前為止介紹的都是使用78張塔羅牌占卜的方法，但其實就算78張牌沒全部使用也無妨。

一開始只重點式地使用22張大阿爾克那牌也可以。大阿爾克那為重要的牌，牌義上的差異也很明顯，因此應該能輕易導出明確的答案。話雖如此，如果每次都只使用這22張牌，或許會陷入「又是這張牌」的框架中。

所以，我在這堂課程中要來介紹改變使用牌數的占卜方式。尤其是小阿爾克那其實還包括了使用16張宮廷牌的人物占卜法、分花色占卜擅長領域的方法等。作為熟習小阿爾克那的課程，也推薦使用以上方法來占卜看看。

小阿爾克那的權杖適合占卜競爭賽事，錢幣適合財運，寶劍適合工作，聖杯則適合用來占卜人際關係。

此外，將大、小阿爾克那分別混合一部分以增加牌數，比如說將16張宮廷牌加上大阿爾克那成為38張牌，或是加上一種花色的數字牌成為32張牌等，也是推薦可用來熟悉小阿爾克那的方式。

以不同方式占卜，想必能獲得不同於以往的新鮮答案。

為了斬斷千篇一律的解釋，請試著改變牌的張數。重要的是讓自己擁有能產生好靈感的狀態。比如說將原本使用大阿爾克那占卜的事情改以小阿爾克那56張牌占卜，即使是同樣的主題，改變使用的牌數占卜應該也會是個新鮮的體驗。此外，根據可洗牌的空間來決定使用的張數也無妨。

Case 1 | 那個人現在的心情如何？

四種花色的宮廷牌（16張）最適合用來占卜人物。能夠占卜與擁有某種個性的人邂逅的事，或是對方現在的心境想法為何。

問題範例

◆ 新部門的上司是怎樣的人？
◆ 適合商量我現在煩惱的對象是怎樣的人？
◆ 能實現這段戀情的關鍵人物是誰？

	侍者	騎士	王后	國王
年齡	少年、少女／比當事人年輕或看起來如此的人	青年／與當事人同年紀或看起來如此的人	大人、中年以上／比當事人年長或看起來如此的人	大人、中年以上／比當事人年長或看起來如此的人
性別	男性、女性雙方或中性形象	男性為主	女性	男性
正位	純粹／聰明／正經／年輕／見習／天真無邪／可愛	精力充沛／行動力／美男子	女性特質／母性／溫柔／柔軟／美麗／具魅力的女性	男性特質／父性／強悍／實績／穩定／放心／可靠的男性
逆位	孩子氣／老氣橫秋／討人厭	難應付／攻擊性／性格惡劣的美男子	被害妄想／自我防衛／虛榮／冷淡的女性	虛張聲勢／虛榮／不穩定／不安／冷酷無情（即使有力量也不可靠）的男性

Case 2 | 有場無論如何都想獲勝的比賽！

權杖（14張）最適合用來占卜在工作上的交手或競爭、想贏得什麼的賭局或是運動相關的競賽等。也可以占卜健康或體力狀態。

問題範例

◆ 為了通過下週的晉升考試，我該怎麼做？
◆ 新企劃案該如何採取行動才好？

Case 3 | 該如何獲得臨時收入？

物質為錢幣的擅長領域。請用錢幣（14張）占卜看看最近的財運或贈禮運吧。此外，也適合用來占卜與財運相關的技術或特殊技能。

問題範例

◆ 為了提升技能，我該採取何種學習計畫？
◆ 為了存錢，我該怎麼做？

Case 4 | 這份工作上應該注意什麼事？

如果要占卜工作運，推薦使用代表知性的寶劍（14張）。也可占卜交易、戰略或事物的想法。還適合用來占卜與工作相關的人際關係。

問題範例

◆ 要讓事情在對自己有利的狀況下進行，該進行哪些前置作業？
◆ 跟A公司交涉時該注意什麼事？

Case 5 | 我與那個人內心之間的距離多遠？

代表親愛之情的聖杯（14張）最適合用來占卜戀愛、友情等人際關係。聖杯也可以用來占卜需要豐富感性的藝術領域工作。

問題範例

◆ 下週如果要約會，該如何規劃？
◆ 下個月的飲酒聚會氣氛會如何？

審視整體牌陣
尋找提示

展開的所有牌所傳遞的訊息

　　由於必須記住排列牌陣的順序或各個位置的意義，所以應該有人會認為全都用最簡單的單張牌來占卜就好。

　　不過使用不限於單張牌的各種牌陣來解讀有個好處，那就是可以從所有出現的牌面上獲取訊息。

　　比如說，如果乍看之下出現逆位多得異常、傾向特定花色、牌面構圖相似的情況，那當中就蘊含了重要的提示。

　　有時具有共通點的牌，會顯示出問題根源其實是相同的，因此請養成眺望牌陣整體的習慣。

　　此外，如果在詢問其他問題時抽到了同樣的牌，也可能暗示著問題的共同主題。比如說出現在「凱爾特十字」中代表「潛意識」位置的牌，也出現在「時間之流」的「過去」位置時，就可以解讀成「過去的事件或許對現在的潛意識造成影響」。

　　就這層意義而言，「目前的自己牌」（P146）也常會成為之後解讀上的線索，所以建議務必在占卜前抽一張。

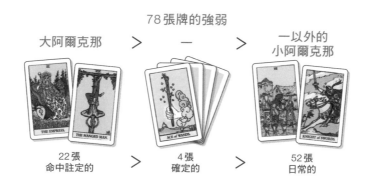

78張牌的強弱

大阿爾克那　＞　一　＞　一以外的小阿爾克那

22張
命中註定的　＞　4張
確定的　＞　52張
日常的

　　請試著意識到78張牌具有強弱之分。在塔羅牌中最強的是22張大阿爾克那，如果出現在牌陣中，可以視為在強調出現的位置；此外，各花色的一（ACE）強度則位於大阿爾克那與其他52張小阿爾克那之間，意味著「確定的開始」。首先請確實解讀大阿爾克那與一（ACE），再將52張小阿爾克那作為解讀上的輔助。

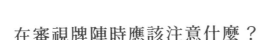

在審視牌陣時應該注意什麼？

Answer_1

整體的逆位牌
是否過多？

逆位牌過多的情況，可以視為提問者並未確實面對這個問題，或是掌握了錯誤的情況。當然也有牌沒洗乾淨的單純情況。建議隔一段時間再來占卜，或是將問題整理好後再重新占卜。

Answer_2

是否出現
花色相同的牌？

如果在牌陣中花色相同的牌為複數，表示其中可能隱藏著問題。比如說，如果出現較多寶劍正位，就表示「提問者非常冷靜」，逆位較多就表示「提問者想太多」也說不定。

Answer_3

是否出現
數字相同的牌？

出現數字相同的牌時，也請試著注意數字的意義（P186）。尤其是出現複數的宮廷牌時，則暗示著存在關鍵人物。此外，如果是大阿爾克那，也可確認是否出現11組牌（P182）中的組合。

Answer_4

是否出現
形象相似的牌？

較多天使，較多女性，較多朝向正面的人物，較多紅色等，牌面乍看之下給人「有某種相似之處」的感覺時，代表其中也可能蘊含著訊息。也請試著解讀顏色或象徵的意義（P196）。

Answer_5

是否出現在占卜其他問題時
抽過的牌？

在占卜戀愛時出現的牌，也出現在占卜工作的牌陣中。遇到這種在過去占卜時抽到的牌再次出現的情況，也可以將占卜結果串連起來解讀。當然也可能完全無關，但似乎常能發現有趣的一致性。

Answer_6

過去、現在、未來的
氣勢如何？

在確認過去、現在、未來等的運氣時，請注意整體的氣勢。如果有大阿爾克那從過去朝著未來增加，小阿爾克那則是數字大的牌增加的傾向，就可以解讀成是運氣「有氣勢的時候」。

替人占卜時
需銘記在心的事

藉由替人占卜，能產生更多發現

將塔羅牌占卜融會貫通的好處，首先就是能針對自身的煩惱親自導出答案。

在進步到一定程度後，接下來就可以替他人占卜。藉由替他人占卜，可以接觸到與自己截然不同之人的看法，並產生新的解釋。而且也能透過塔羅牌坦率說出彼此的煩惱，以加深羈絆。

與同樣學習塔羅牌的人互相占卜，會是很好的經驗。好幾個人一起為同一個人占卜，互相討論「這是不是這種意思？」也很不錯。如果在派對上或聚會上這麼做，或許能讓氣氛更加熱絡。

只不過，在替他人占卜之際，必須做好「這跟替自己占卜時不同」的心理準備。否則有可能會半吊子地傷害煩惱之人的心，負責占卜的你自己也可能會因此感到疲憊或受傷。

比如說，有人會將「謹慎」一詞視為好的意思，也有人會視為壞的意思，如此一來就有可能產生誤會。在傳達訊息時也請務必考慮到這一點。

只要記住替自己與他人占卜時的差異，塔羅牌就能成為與人交心的橋樑。

在占卜對方的事情時，步驟基本上是相同的。只不過在讀取正位或逆位時，要先決定好是從自己的角度來看的正逆位，然後再照平常那樣占卜。

此外，也建議請提問者本人切牌、抽牌。這麼一來會產生「是自己親手選出的塔羅牌」的想法，也更容易接受占卜結果。

替人占卜時須留心什麼事？

Answer_1
確實整理好
問題

人在煩惱時，腦子裡通常都是一片混亂。既無法正確掌握狀況，也沒有察覺自己的真正想法。因此，作為占卜前的準備，請藉由交談引出「究竟想占卜什麼」。這個過程與「Chapter 3　牌義解析」（P141）所學的內容相同。最後要確認對方「自己想變成這樣」的意志，再來占卜「為了實現這點該怎麼做」。

Answer_2
盡量讓對方
也有參與感

如果對方怎樣都無法整理好內心，就請對方抽一張牌，以此為引子開始詢問。

這時候最重要的不是自己單方面地說出想法，而是營造出讓對方也能輕鬆開口的氛圍。「看了這張牌，你有什麼感覺？」、「請以一句話表現這張牌。」請讓對方看著抽出的牌面圖案，毫無顧忌地說出感覺到的事物，這也能成為解讀的線索。

Answer_3
揭示牌面，將感覺到的內容
一五一十地傳達給對方

在占卜自己的事情時可以用自問自答的方式，一邊確認牌面一邊找出答案，但你無法看穿對方的內心。即使如此，由你當場揭牌、感覺牌一事還是有意義的。請懷著自信將所想的事說出口吧。只不過，切勿心懷「想要說中」、「希望對方對自己好厲害」的念頭，也不需要懷疑「怎麼可能會這樣」。

重點在於將所見的內容、心有所感的內容節奏明快地編織成話語。

Answer_4
需理解價值觀
因人而異

女性應該在幾歲之前結婚、出軌是好是壞等等，個人的價值觀均有不同。就算是替正在出軌的對象占卜，也別在鑑定時說出與塔羅牌占卜結果無關的「絕對要停止！」之類指導他人的答案。因為那麼一來就不是占卜，而是與朋友商量煩惱了。

總之，以塔羅牌占卜時，請讓自己保持在中立的狀態，避免夾雜多餘的價值觀或觀點。

LUA 的解析竅門集錦！

塔羅牌占卜實例集

解讀訣竅、著眼點、擴展想像力的方式……
請從實際使用塔羅牌占卜煩惱的情況中學習。

這種時候該如何解讀？
感覺迷惘之際請務必參考！

　　塔羅牌的解讀方式並沒有既定規則。不過，在尚未習慣的期間或許會覺得難以擴展想像力，或是無法編織成話語。

　　此外，如果有人曾經實際找職業占卜師使用塔羅牌占卜應該就能理解，「為什麼會那樣解釋？」、「那句話是從哪裡得出來的？」經常會有浮現這些念頭的情況。這些內容平常並不太會記載在教科書上。

　　因此，接下來會以實例介紹在實際的鑑定中該如何解讀牌義、該著眼於什麼地方。或許跟你的煩惱不盡相同，但其中囊括了許多「這種時候會這樣解讀」的提示，請務必瀏覽一遍，相信一定存在對你的鑑定有所幫助的提示。

　　此外，也能看到不受關鍵字的意義侷限，從圖案、整體印象自由擴展想像力的方式，使用建言牌的時機等，身為職業占卜師的解讀訣竅。

該如何讓明天的簡報順利進行？

「一場絕不容許失敗的重要簡報即將到來，該怎麼做才能成功？我想知道該注意些什麼事情。」

牌陣
單張牌 Arrange 5
建言（P151）

① 建言
皇帝（逆位）

只要明確掌握「該解讀什麼」就不會迷惘！

漫不經心地使用單張牌方式抽牌後，「竟然抽到皇帝的逆位，意思是簡報會失敗嗎!?」雖然因此驚慌失措，但在這裡詢問的是建言，換言之，只要聽取〈皇帝（逆位）〉的建議就能順利進行。如果過於緊張或是急於立功，或許就會看不見周遭。請冷靜下來推敲周遭環境與內容，只要步調能一致，就能順利導向成功。

因為態度莫名冷淡的上司而煩惱

「在職場上有個上司只對我一人態度冷淡，但我不記得自己做過令他討厭的事情……對方的真正想法是？我該如何應對才好？」

牌陣
單張牌 Arrange 2
人的心情（P151）

① 人的心情
聖杯八

建言牌
錢幣七

在單張牌加上建言牌

雖然提問者表示「不記得自己做過令對方討厭的事情」，但在對方的心情上卻出現了〈聖杯八〉這張牌。這表示對方原本或許對你充滿期待，卻無法感到滿意，才會擺出冷淡態度來。而抽到的建言牌則是〈錢幣七〉，蘊含的訊息為「需要改變現在的做法」，因此不是只有完成工作，展現追求成長的意志與熱情也是很重要的。

<table>
<tr><td>鑑定例
3</td><td>

為什麼完全存不了錢？

「我不管怎樣都存不了錢。只要手上一有錢就會拿來花，被人邀約就會忍不住出去玩，四處揮霍。該怎麼做才能有計畫性地存錢？」</td><td>
牌陣
時間之流 Arrange 2
問題的對策（P153）</td></tr>
</table>

出現許多逆位，
象徵著感到棘手

① 原因　　②結果　　③ 建言
寶劍六（逆位）　死神（逆位）　權杖六（逆位）

牌面全是逆位，可以看出提問者不擅長處理財務。原因為〈寶劍六（逆位）〉，表示花錢是排遣壓力的方式。結果為〈死神（逆位）〉，如果不認真下定決心就難以逃脫現況。建言為〈權杖六（逆位）〉，意味著必須避免覺得「反正船到橋頭自然直」的輕佻態度。此外，每張牌中的人物都乘坐著船隻或馬匹，暗示著個性容易隨波逐流，試著改掉「一被邀約就無法拒絕」的問題是不是比較好？

<table>
<tr><td>鑑定例
4</td><td>

今後會有美好的邂逅機會嗎？

「我自從與曾經論及婚嫁的前男友分手後，就再也沒有戀愛的跡象。今後我會有好的邂逅嗎？如果有，該採取何種行動才好？」</td><td>
牌陣
時間之流 Arrange 1
運勢走向（P153）</td></tr>
</table>

試著找出將所有牌連貫
在一起的共通主題

① 過去　　②現在　　③ 不久後的未來
寶劍九　　聖杯一　　惡魔（逆位）

在暗示著現在邂逅的位置出現了〈聖杯一〉牌！由於一是能量強勁的牌，表示對象或許已經近在眼前。因為是聖杯牌，所以可以仔細確認是否符合「值得信任而溫暖的人」這項條件。不過出現在過去的〈寶劍九〉為典型表現心理創傷的牌，代表提問者被前一段戀情傷得或許比自己預期的重。未來為〈惡魔（逆位）〉，這表示放棄對過去的執著，向前邁進，才是幸福戀情的關鍵。

為了工作而上咖啡廳，該選擇哪一間店？

「一場絕不容許失敗的重要簡報即將到來，該怎麼做才
能成功？我想知道該注意些什麼事情。」

牌陣
二選一 Variation 1
（P155）

① 選項 A
A 咖啡廳
審判

② 選項 B
B 咖啡廳
高塔

③ 選項 C
C 咖啡廳
隱士

④ 提問者的態度
戀人

試著從牌面 想像場所

這是我的親身經驗。我試著前往分別抽出
〈審判〉、〈高塔〉、〈隱士〉的三間咖啡
廳，結果〈審判〉的店正在整修中，〈高
塔〉的店停止營業，而〈隱士〉的店則是
公休日……完全符合占卜結果的情況令我
大吃一驚。最後我去了另一間咖啡廳，卻
因為遇見朋友而聊了開來，最後還是沒有
工作。「與合得來的人相處愉快的時光」
也是〈戀人〉的暗示吧。

網路購物不能出錯，該買哪一款商品？

「為了該在購物網站上購買一條優雅的裙子還是蕾絲上
衣，我煩惱了一個月左右。我想挑選有女人味的服裝，
該買哪一件才好？」

牌陣
二選一 Variation 2
（P155）

④ 選擇選項 A
會如何？
寶劍一

⑤ 選擇選項 B
會如何？
死神（逆位）

① 選項 A
優雅的裙子
寶劍五（逆位）

② 選項 B
蕾絲上衣
聖杯侍者（逆位）

③ 提問者的態度
寶劍二

提問者的態度 出乎意料地重要

與「優雅的裙子」選項相關的位置出現的
全是寶劍，意味著材質比外表來得硬挺而
俐落，感覺毫無破綻。而「蕾絲上衣」的
選項出現的是聖杯，代表甜美可愛的印
象，但購買後的牌是〈死神（逆位）〉，表
示有可能會後悔，或許是太過性感而不適
合。提問者的態度為〈寶劍二〉，表示當
事人也很明白自己欠缺決定的手段而「不
知道該選哪一邊」。由於從結果判斷不該
硬做決定，這次就兩款都放棄了。

最近老是出包……我適合這份工作嗎？

「我從結婚之後就一直沒有工作，現在下定決心二度就業。但是卻每天都會出包……我能在這間公司繼續做下去嗎？」

牌陣
六芒星（P156）

① 過去
聖杯王后
（逆位）

⑤ 對方的心情
錢幣國王

⑥ 提問者的心情
聖杯八

⑦ 最後預測
正義

③ 不久後的
未來
權杖九（逆位）

② 現在
寶劍六（逆位）

④ 建言
聖杯三

也可以確認與環境的契合度

考慮到是「與公司的契合度」，就使用六芒星牌陣來看看吧。過去為〈聖杯皇后（逆位）〉，可看出進入這間公司時感到不安。現在為〈寶劍六（逆位）〉，代表失去自信，或許考慮辭職回到原本的日常生活。出現在未來的〈權杖九（逆位）〉暗示著目前因能力不足而出錯。不過當事人的心情為〈聖杯八〉，可以得知為了邁向下一個階段，現在正是奮發努力的時刻。出現在對方（公司）的心情為〈錢幣國王〉，顯示出有地位的人士對當事人的能力有很高的評價，只要愈努力，收入也會隨之提升吧。

在最後預測出現了〈正義〉是一劑強心針，表示進入這間公司是正確的。建言為〈聖杯三〉，只要能與志同道合的夥伴一起營造出舒適的環境，就能繼續努力了。

POINT

試著從物品擴展聯想空間

出現在建言的〈聖杯三〉，看起來就像「工作結束後的喝酒聚會」景象。而〈聖杯八〉則像是喝完酒後返家的背影。在這種情況下可解讀成「關鍵在於能舉杯（聖杯）對飲，共享喜悅與悲傷的夥伴」。請試著從物品想像，創造故事。

最近對未來感到非常不安

「周遭的結婚潮讓我也開始思考起自己的將來。不只是結婚，還有工作與財務方面……都令我煩悶得不得了。」

牌陣
凱爾特十字（P158）

③ 提問者的表意識
（思考的事）
女祭司

⑩
最後預測
權杖四

② 成為障礙的事物
寶劍侍者

① 提問者的狀況
權杖七（逆位）

⑨
提問者的期望
愚者（逆位）

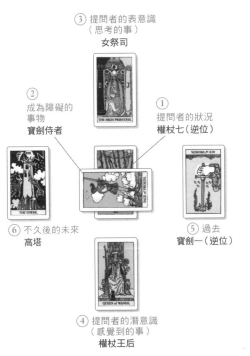

⑥ 不久後的未來
高塔

⑤ 過去
寶劍一（逆位）

⑧
周遭
（或是對象）
的狀況
皇帝（逆位）

④ 提問者的潛意識
（感覺到的事）
權杖王后

⑦
提問者所處的立場
聖杯六（逆位）

請注意表意識與潛意識的落差

現狀為〈權杖七（逆位）〉，從下往上戳的一根根棍棒就像是將提問者的煩惱具現化，處於光是要避開就竭盡全力的狀態。

提防著周遭的〈寶劍侍者〉顯示出認為「必須好好做」的鑽牛角尖想法成了障礙。實際上，提問者在表意識雖然希望能如〈女祭司〉般做好自己，但潛意識卻存在著像〈權杖王后〉般喜歡輕鬆愉快的另一面，兩者間的差異導致提問者進退維谷。代表過去的〈寶劍一（逆位）〉暗示著「現在的自己真的正確嗎？」並朝著不期望的方向前進，而所處立場的〈聖杯六（逆位）〉同樣也暗示著理想與現實之間的落差。周遭的狀況為〈皇帝（逆位）〉而不穩定，當事人的期望則是顯示難以抉擇的〈愚者（逆位）〉。不久後的未來為〈高塔〉，代表狀況或許會有極大的變化，搭配最後結果的〈權杖四〉思考，代表有閃電結婚的可能性。

POINT

請搭配11組牌來解讀

〈皇帝〉與〈高塔〉為數字加起來等於20的11組牌（P182）的組合，請試著將這兩者一併解讀。如同〈皇帝（逆位）〉所呈現的，對於所處環境感到不滿，成為〈高塔〉所暗示的引發衝動行為的導火線——也可以這樣解釋。

不知道對方在想什麼

「實際與在網路上志趣相投的男性見了面後，對方向我
表白。不過自己總覺得有些不太對勁而打算拒絕。我該
怎麼拒絕才好？」

牌陣
凱爾特十字（P158）

③ 提問者的表意識
（思考的事）
力量（逆位）

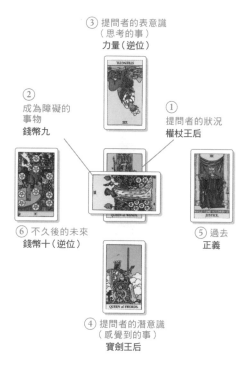

② 成為障礙的
事物
錢幣九

① 提問者的狀況
權杖王后

⑥ 不久後的未來
錢幣十（逆位）

⑤ 過去
正義

④ 提問者的潛意識
（感覺到的事）
寶劍王后

⑩ 最後預測
權杖三

⑨ 提問者的期望
錢幣二

⑧ 周遭
（或是對象）
的狀況
月亮（逆位）

⑦ 提問者所處
的立場
世界（逆位）

建言牌
錢幣六

刺探對方的內心，擬定作戰計畫

使用凱爾特十字牌陣來占卜對方的心境吧。出現在現狀的是〈權杖
王后〉，代表商量者是個理想的女性，十分吸引對方。障礙為〈錢
幣九〉，別稱為「情人牌」，代表「總而言之就是想要情人！」的心
境。表意識為〈力量（逆位）〉，代表對於表白時機錯誤而感到後
悔，潛意識則為〈寶劍王后〉，表示似乎理解無法獲得正面回應。
過去為〈正義〉，表示建構起對等的關係，但〈錢幣十（逆位）〉卻暗
示著無法獲得想像中的幸福。他所在的環境為〈月亮（逆位）〉，表
示終於要正視現實了，而他所處的立場為〈世界（逆位）〉，表示他
應該已經察覺「戀愛會以沒有結果告終」。由於他的期望為〈錢幣
二〉，因此似乎有其他的候選人存在。在最後出現的是以背影示人
的〈權杖三〉，代表他會去尋找下一段戀情。

POINT

以建言牌解讀
接下來的應對

這次也使用建言牌（P172）
占卜了「拒絕方式」。抽出
的是〈錢幣六〉，因此不該
採取突然拒絕接電話或說
謊的方式，而是誠實地回
應「你的心意我很高興，
但是……」比較好。建言
牌最適合用來導出「那麼
該怎麼做才好？」的具體
對策。

<table>
<tr>
<td>
鑑定例
10
</td>
<td colspan="2">
該如何和鬧彆扭的朋友重修舊好？

「我與兒時玩伴相約，但我放了對方鴿子，後來就再也聯絡不上對方了。他似乎相當火大，我該怎麼做才能跟他重修舊好？」
</td>
<td>
牌陣
V 字型馬蹄鐵（P160）
</td>
</tr>
</table>

①
過去
節制

②
現在
寶劍侍者
（逆位）

③
不久後的
未來
寶劍王后
（逆位）

④ 建言
死神

⑤
周遭（或是對象）
的狀況
皇帝（逆位）

⑥
成為障礙的
事物
戀人（逆位）

⑦
最後預測
聖杯六

從牌面上解讀出具體的解決對策

在吵架之前為〈節制〉，可以得知兩人的關係十分要好。而出現在現在的是〈寶劍侍者（逆位）〉，寶劍是用來砍人的武器，這表示提問者放鴿子傷害了對方，朋友也以斷絕聯絡的手段來傷害提問者，暗示著冷漠帶刺的狀況。朋友為〈皇帝（逆位）〉，看來因為態度頑固而下不了臺。建言為〈死神〉，表示需要一次斬斷這股緊張的氛圍。如同成為障礙的〈戀人（逆位）〉所顯示的，態度搪塞或期待對方慢慢氣消並不是個好方法。由於在不久後的未來出現〈寶劍王后（逆位）〉，應該需要明確地做個了斷吧。

只不過，由於寶劍全都是以逆位狀態出現，因此不建議使用言語表達想法。由於出現在最後預測的〈聖杯六〉代表的是贈禮，因此使用並非言語的物品來傳達心意，是比較好的方式。

---POINT---

以花色想像該採取什麼行動

在需要和好的時候，請試著從四種花色聯想該採取何種行動。除了〈聖杯六〉之外還出現了錢幣牌，因此送禮物是最好的。權杖代表互相將想說的話表達出來後感到暢快，寶劍代表將想法化為文字傳遞，聖杯代表一起吃飯或許不錯。

鑑定例 **11**

總之就是很不順！ 我現在的運勢如何？

「戀愛、工作、人際關係，甚至財運都令我很在意。總覺得最近的運氣就是很差。我想知道我現在的綜合運勢狀態。」

牌陣
黃道十二宮 Arrange 2
（P163）

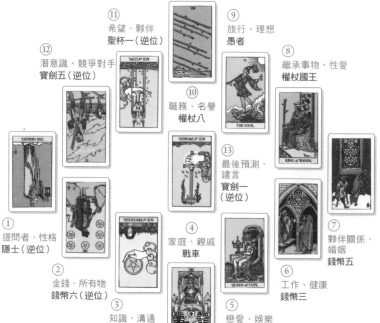

⑪ 希望、夥伴
聖杯一（逆位）

⑨ 旅行、理想
愚者

⑫ 潛意識、競爭對手
寶劍五（逆位）

⑧ 繼承事物、性愛
權杖國王

⑩ 職務、名譽
權杖八

⑬ 最後預測、建言
寶劍一（逆位）

① 提問者、性格
隱士（逆位）

④ 家庭、親戚
戰車

⑦ 夥伴關係、婚姻
錢幣五

② 金錢、所有物
錢幣六（逆位）

⑥ 工作、健康
錢幣三

③ 知識、溝通
錢幣一（逆位）

⑤ 戀愛、娛樂
聖杯王后

審視整體找出關聯

整體而言逆位偏多，還出現了多達三張各花色的一（逆位），從這點來看，表現出煩惱個沒完的情況。①、③、⑦、⑪顯示自己與他人的位置上出現的全是具封閉感的牌，這點令人在意。而且出現在⑫的〈寶劍五（逆位）〉還暗示著競爭對手的存在。

此外，關於不安源頭的財務方面，②表現出雖然踏實地存錢卻存不了錢的現狀。不過在⑧出現了〈權杖國王〉，表示似乎能依賴父母親或配偶等他人的荷包。

此外，在⑥、⑩的工作方面也出現了很強的牌，所以似乎能迅速出人頭地。④家庭為〈戰車〉，看似充滿活力而沒有問題，⑤的〈聖杯王后〉代表過著充滿愛的生活，⑨的〈愚者〉則告知了旅行是幸運的行動。只不過整體建言為〈寶劍一（逆位）〉，表示如果採取強硬的做法，就沒有人願意跟隨自己，因此要注意別因為一時衝動的行徑破壞了長久累積而成的信任。

POINT

注意牌面的整體配置

使用黃道十二宮 Arrange 2時，也請注意整體配置。圓的上半代表社會，下半代表個人，右半為與他人的關聯，左半為與自己的關聯。整體而言強勢的牌出現在何處、哪裡有較多逆位的牌，這些也都可以視為提示。

鑑定例
12

他有對象了⋯⋯我還有勝算嗎？

「我有個喜歡的人，但他已經有對象了。不過，總覺得最近我們之間的氣氛很不錯⋯⋯我接下來有機會成為正牌女友候選人嗎？」

牌陣
心之聲（P164）

⑤ 對方的狀況
死神

⑦ 提問者的狀況
寶劍騎士（逆位）

③ 對提問者的
印象（內在）
戰車

① 現在
惡魔

④ 對提問者的
印象（外在）
權杖八

⑧ 建言
寶劍四

② 不久後的未來
寶劍一

⑥ 對方的期望
聖杯二

目前的自己牌
權杖國王（逆位）

以「目前的自己牌」作為線索

〈惡魔〉、〈死神〉、〈戰車〉、〈權杖八〉等隨時都可能失控的牌並排在一起。寶劍的牌也有不少，呈現出「欲望與理性之戰」的構圖。出現在現在位置的〈惡魔〉暗示著雖然明知不對，卻無法抗拒誘惑。而對方對提問者的印象，內在為〈戰車〉，外在為〈權杖八〉，兩者都是好的印象，表現出全速衝刺的狀態。

如同〈聖杯二〉所表現的，對方非常想要結婚，但狀況卻為〈死神〉，因此與伴侶的關係或許不太順利。提問者本身則為〈寶劍騎士（逆位）〉，表現出極為熱衷於腳踏兩條船的戀情。只不過對於這份戀情的建言為〈寶劍四〉，表示暫時保持一段距離等待熱情冷卻比較好。在不久後的未來位置上出現〈寶劍一〉，顯示出恢復冷靜，在千鈞一髮之際斬斷誘惑的預感。

POINT

有效活用
「目前的自己牌」

在占卜之前，請對方抽了「目前的自己牌」（P146）後，抽到的〈權杖國王（逆位）〉，顯示出情緒興奮卻欠缺判斷力的情況。以這張牌對照提問者的狀況，也可以明白需要冷靜地讀取抽出的牌。「目前的自己牌」的印象也與整體的判斷息息相關。

我想知道下個月的運勢、適合一決勝負的關鍵日子！

「我想了解似乎會很忙碌的10月運勢。除了安排工作上的重要活動以及與人相約見面的預定外，我還想知道運氣特別好的日子，以及反之需要特別注意的日子！」

 牌陣
月曆
（P166）

10月

sun	mon	tue	wed	thu	fri	sat
1	2	3	4	5	6	7
8	9	10	11	12	13	14
15	16	17	18	19	20	21
22	23	24	25	26	27	28
29	30	31				

①～㉛
每天的運勢

注意牌的強度與圖案

審視整體時，可以發現擁有強勁意義的大阿爾克那共有12張，宮廷牌共有6張，似乎會是相當忙碌的一個月。

尤其是第四週的每一天出現的全是女性牌，令人印象深刻。或許會煩惱與女性之間的關係，或是因此起糾紛也說不定。此外，每個週六出現的〈正義〉、〈女皇〉、〈女祭司〉、〈月亮〉等大阿爾克那都是以正位出現，這點也令人深感興趣。大阿爾克那是代表強運的牌，因此可以配合這點安排重要的預定計畫。

作為一個月的開始，〈寶劍三（逆位）〉呈現出因為令人吃驚的事件而陷入混亂，是略帶衝擊性的牌，不過在一個月的結束出現的是〈世界〉，這點也顯示雖然處於波濤洶湧的發展，卻也確實地完成了某些事，雖然發生了許多事，卻也會是「結果好就一切都好」的一個月。

POINT

按照牌面安排預定計畫

在〈女皇〉的日子上美容院，〈皇帝〉的日子安排工作簡報，〈戀人〉的日子就去約會等等，可試著按照牌義來擬定預定計畫。權杖為競爭相關的事，錢幣為事物或財務相關的事，寶劍為學習，聖杯則可以想像成聚餐。而宮廷牌也可能代表了那一天的關鍵人物。

了解專家的解讀方式

歡迎來到 LUA 的鑑定專欄

如何依實際狀況解釋，並搭配使用建議牌

第一位商量者

正在猶豫
是否該接下新企劃案。

A（37歲，上班族）

商量者 A：公司詢問我是否有意願主導新企劃案。不過那是個胡來的企劃案，無法想像成功的願景，因此我很猶豫該不該接下。

LUA：在占卜問題內容前，請向牌詢問「目前的自己是什麼狀態？」並抽一張「目前的自己牌」（P146）吧。

目前的自己牌
寶劍一

LUA：抽到的牌是〈寶劍一〉，代表 A 十分清楚這是個有風險的企劃案，並能做出冷靜的判斷。

那麼我們就以「YES」、「暫時擱置」、「NO」的時間之流牌陣，來看看是否該接下這份企劃案吧。

① YES　　　　② 暫時擱置　　　③ NO
聖杯二　　　　節制　　　　　　錢幣六

LUA：從牌面看起來，A 應該想考慮暫時擱置。您自己已經十分清楚答案了，所以在「②暫時擱置」的位置出現了很簡單易懂的大阿爾克那。

A：您知道得真清楚……

LUA：如果接下工作，換言之就是回答「①YES」的情況，因為是〈聖杯二〉，所以代表不差，不過以愉快程度而言只是小規模。如果一點一點地做或許還不錯，但不會感覺到很大的成功。

A：我會認為「就算要做也不是現在」、「應該需要做更多準備吧」。

LUA：我認為對於這份企劃案，您不會選

擇「③ NO」。由於是〈錢幣六〉，代表您也抱持著想接下企劃案而不去考量利益得失的心情。我想，如果有時間多做點準備，A 應該會認為一定要接下吧。

A：是的，沒錯。

LUA：那麼，就請抽一張建言牌（P172）。來問問在面對這份企劃案時，該注意些什麼吧。

建言牌①
聖杯七（逆位）

A：感覺是張什麼都想要的牌呢。

LUA：反過來說，或許代表著「什麼都應該納入考慮」喔。如果馬上得開始就只能選擇一個，但如果能有多一點時間，就可以放進各式各樣的點子。像這樣確實準備後的結果會如何呢？請再抽一張牌吧。

建言牌②
戀人

LUA：〈戀人〉為 6，〈節制〉為 14，所以加起來等於 20，是 11 組牌（P182）的組合。兩者的主題都是「溝通」。所以如果能再確實地多做些準備，並且借用許多人的力量，或許就能發展成可獲得更豐碩結果的企劃案了。

第二位商量者

我跟交往對象之間
最近有些尷尬。

B（27歲，上班族）

商量者 B：我有個交往兩年的男朋友，正在考慮結婚，但遲遲下不了決心……而且最近，我們之間的關係有點尷尬。因為他不答應讓我跟兒時玩伴的摯友（男性）單獨見面。

LUA：是這樣啊，看來是個相當善妒的男朋友呢。既然是戀愛問題，就以心之聲牌陣來確認吧。

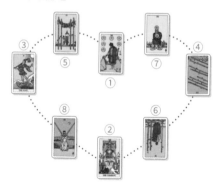

①現在
錢幣六

②不久後的未來
戰車

③對提問者的印象（內在）
愚者

④對提問者的印象（外在）
權杖八（逆位）

⑤對方的狀況
權杖四

⑥對方的期望
權杖三（逆位）

⑦提問者的狀況
錢幣四

⑧建言
寶劍二

LUA：出現在「①現在」位置的是〈錢幣六〉，表現出兩位是一點一點地將關係培養起來的。

接著，「②不久後的未來」是〈戰車〉，看來對於結婚的想法已經穩固成形了。因為這是「邁向下一階段」的牌，我想在不久後的未來應該就能聽到好消息了。

而且「⑤對方的狀況」為〈權杖四〉，表示對方心態上或許已經把你視為妻子了。

B：真的嗎？我好高興。

LUA：而男朋友對於B的「③內在」的想法是〈愚者〉，代表他覺得您是個很自由的人，而且難以捉摸，不過包括這些在內，他都覺得很喜歡。

而關於「④外在」的想法是〈權杖八（逆位）〉。嗯～這雖是表示氣勢與速度的牌，但如果是逆位，就意味著強烈的嫉妒心。

B：果然。

LUA：B長得很漂亮，再加上〈愚者〉的個性讓您很愛到處跑，所以男朋友或許很擔心，搞不好會希望您不要那麼引人矚目。

接著在「⑥男朋友的期望」這邊出現了〈權杖三（逆位）〉。意思是他已經有看著未來執行財務或人生規劃上的想法，但還在考慮中。

相對地，「⑦提問者的狀況」，換言之就是代表B的牌出現的是〈錢幣四〉，這很有意思呢。我自己稱這張牌為「守財奴牌」。B是不是非常在意財務上的事情呢？

B：沒有錯，我經常鼓勵男朋友要「更努力工作賺錢」。

LUA：您或許經常在要求他「多這麼做一些」。如同〈權杖三（逆位）〉所呈現的，他似乎感覺到理想與現實之間的落差，心想「別對我期待過高」。

接著「⑧建言」是〈寶劍二〉，這是表現出面對選擇猶豫不決的牌。

B：意思是我跟他會就這樣無法結婚嗎？

LUA：從建言的位置來看，解讀方式會有點不同。牌面上的人物眼睛不是蒙起來了嗎？所以或許也可以解讀成「要多少對於某些事視而不見」。如果一直在意著「結婚的話能獲得社會上的穩定，這點很重要」、「生了小孩自然要有錢養」之類的事，對於他的要求或許就會在不知不覺間提高。

B：〈錢幣四〉與〈寶劍二〉的人物姿勢很像呢。分別是表現出貪婪態度的人，與靜靜地閉著眼的人。

LUA：您本身會察覺這個對比，或許就表示其中帶有意義。〈錢幣四〉所顯示的是想守護兩人未來的態度，而〈權杖三（逆位）〉也表現出他以自己的方式努力著。所以如同〈寶劍二〉所顯示的一般靜靜地守候，對於某些事情也多少要懂得視而不見。這麼一來，兩位的〈戰車〉應該就能毫不猶豫地衝往名為結婚的終點了。

第三位商量者

我想獨自生活，卻受到父母的反對。

C（23歲，上班族）

商量者 C：以上班為契機，我想搬出去獨自生活，卻受到父母的反對。家人之間的感情很好，卻有點黏膩過頭了，我連自己的房間也沒有喔。

LUA：家人感情好雖是好事，但無法獨立這點的確令人擔心。那麼就以六芒星牌陣來看看 C 與您的家人之間的關聯吧。

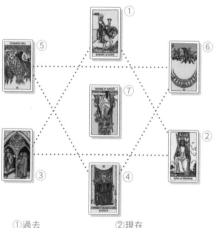

①過去
聖杯騎士

②現在
寶劍國王

③不久後的未來
錢幣三

④建言
正義

⑤對方的心情
女皇（逆位）

⑥提問者的心情
聖杯十（逆位）

⑦最後預測
權杖王后（逆位）

LUA：在「①過去」的位置出現的是〈聖杯騎士〉，從這裡可以得知您們一家人會非常積極地分享心情。所以感覺很舒暢吧。不過，在「②現在」的位置出現了〈寶劍國王〉，代表 C 的內心萌生了該設法處理這份過於黏膩的關係。

C：尤其是家母有過於依賴家庭的傾向。在我說出「我想離開家生活」時，她甚至說出「這麼一來家裡氣氛就會變得陰沉，千萬不行！」的話來。

LUA：這一點在「⑤對方（家人）的心情」的〈女皇（逆位）〉也表現了出來。〈女皇〉如果是正位，表示「豐饒」、「溫柔」的意思，但如果是逆位，就給人寵溺過度的印象。甚至會令人覺得「這麼寵溺真的好嗎」。

C：就是這樣沒錯！此外，我本身也不太想跟家裡的寵物貓分離。

LUA：「⑥提問者的心情」出現的是〈聖杯十（逆位）〉。您對這張牌的印象如何？

C：這個嘛，雖然是個幸福的家庭，但顛倒過來這點令人在意。

LUA：這張牌如果是正位，就是「一家人幸福地生活」的牌，不過因為是逆位，代表 C 心中對於跟母親之間的關係略感厭煩，卻也有「自己的決定是否會破壞現在的幸福狀態」的心情。

C：是的，我在家裡就是擔任調和的角色。因為家父的個性有些嚴厲。

LUA：這麼說來，可以在「②現在」位置的〈寶劍國王〉中看見令尊呢。

C：要不是家父嚴厲地命令我「好好出去工作」，我或許就無法找到工作，而會變成繭居族。

220

LUA：溫柔的母親與嚴厲的父親，以平衡來說相當好呢。相信令尊一定認為想獨立也是 OK 的。這麼說來，在「③不久後的未來」的〈錢幣三〉也被稱作「機會牌」，可以解讀成「令尊會為了幫助您獨立而提供資金上的援助」。

C：或許的確是這樣。

LUA：所以，您在不久後的未來有機會可以離開家。這麼一來，作為「⑦最後預測」的〈權杖王后（逆位）〉指的就不是 C，而可以看作留在家裡的貓與令堂。〈權杖王后〉原本是賦予眾人精神活力的人，不過這張牌顛倒過來，就表示照顧過了頭。而「④建言」的位置則是〈正義〉，與「②現在」位置的〈寶劍國王〉一樣都握著寶劍，將這兩者整合起來，就會成為「現在正是下定決心的時候」的訊息。

C：原來如此！

LUA：〈正義〉為不以情感判斷事情，只看事實嚴厲地思考的牌。如果您過度在意令堂的心情，就會永遠離不了家。不過太過突然也會嚇到令堂，所以請先試著以輕鬆的感覺與她談談，表達自己「並不是一輩子都不回老家」，而是「想要試著獨立」的想法。不要流於情感，而是條理分明地溝通。

C：沒想到竟然會出現這麼簡單好懂的牌，真令人吃驚。甚至連貓都有⋯⋯

LUA：在 78 張牌中，只有這張牌上繪製了貓喔。所以如果表示「而且我會想念貓，所以會常常回家來的！」或許也是不錯的辦法。

C：所以，就算在最後結果出現了逆位牌，也不需要感到害怕呢。

LUA：大家都只會看結果的吉凶，但畢竟未來是有可能改變的，所以真正重要的反倒是建言。就算在最後結果出現了好牌，如果在那之前沒有努力去做，還是無法得到那樣的結果。結果是「靠自己創造出來」的。

C：其實我還有個姊姊。我想知道姊姊對於這件事的想法⋯⋯

LUA：那麼，請抽一張建言牌看看。

LUA：看起來游刃有餘，對於 C 的獨立也

建言牌①
權杖六

抱持肯定態度，不過姊姊或許也會在不久後離開家。

C：人物騎著馬啊⋯⋯

LUA：或許是決定結婚等令人欣喜的發展。那麼，請再抽一張牌以確認 C 該為此採取怎樣的行動。

建言牌②
權杖九

LUA：〈權杖九〉為做好準備以臨機應變地行動的牌。如果姊姊先離開家，C 想離開就有難度了。所以從現在開始就為獨立做準備或許比較好。

C：我完全了解了！LUA 老師，非常感謝您！

由 LUA 來回答難以啟齒的疑問

關於塔羅牌的 Q&A

在使用塔羅牌的時候，
疑問突然湧上心頭。就來徹底消除疑問吧！

Q 塔羅牌能得知的未來大概有多長呢？

A 據說大概是三個月左右。

塔羅牌是根據偶然性占卜的方式。因此想以現在這瞬間的偶然性占卜 10 年後的未來是很困難的，畢竟狀況非常有可能在那之前改變。可占卜的期間大致上為三個月。不過黃道十二宮牌陣則可以確認一年之間的運勢。

Q 抽取建言牌時，需要先把牌放回去嗎？

A 可以直接使用剩下的牌來抽取也無妨。

在抽取建言牌時，有人會猶豫是否該先把原本展開牌陣的牌放回去。如果問題是有關聯性的（只要不是詢問與主題截然不同的問題），可以就這樣直接從剩下的牌中抽取建言牌也無妨。

Q 在審視牌面圖案時，有什麼重點嗎？

A 重要的是將自己投射到圖案中的哪個人物上。

在抽到〈力量〉的牌時，要將自己投影到女子還是獅子身上，會依當下的情況條件而定，而解釋上自然也會隨之改變。懷著「目前的自己是如何感覺的呢」的想法仔細讀牌，並大概花三秒鐘感覺看看。

Q 我想讓自己解讀牌義的功力更進步！

A 請將從牌面上感覺到的詞彙寫下來。

比如說，在看見牌面上繪製的「水」時，浮現了「似乎很冷」、「因為是春天，說不定是溫的」、「似乎很悲傷」、「閃閃發亮」等想法，就算是簡短的詞彙也 OK，請試著寫下來。只要持續這麼做，就能一口氣加深對每張牌的印象，也能應用在實際的解讀上。

Q 我記不住牌陣的排列順序。

A 即使搞錯順序，只要自己知道就行了。

搞錯牌陣的排列順序是常有的事。只要能掌握自己擺上的是什麼牌，就算稍微搞錯也沒有問題。如果無論如何都記不住，事先在便條紙上寫下哪個配置代表什麼意義並貼在桌上，再照著排列也是個辦法。

Q 將塔羅牌活用於購物的訣竅為何？

A 根據一樣物品，從各種角度抽牌。

網路購物就像是在賭博，因此最適合用來鍛鍊塔羅牌能力。我會分別根據「使用的感覺（尺寸）」、「設計」、「持久性」等方向抽牌來挑選。請以自己的意志決定在得出的結果中，你最重視的是哪一項。

Q 適合用來練習單張牌的主題為何？

A 宅急便的時間等，結果明確且簡單好懂的事情。

「應該送達的宅急便遲遲不來……」這種時候就可以試著占卜看看。我個人曾經遇過在抽出〈審判〉的瞬間，門鈴也「叮咚～」地響起的情況。如果是〈戰車〉，就表示現在正在過來的路上；如果是〈力量〉則會在遲到邊緣的時間抵達，就像這種感覺。

Q 請問該如何保養塔羅牌？

A 建議可用溼紙巾擦拭。

使用了許多次的牌面出乎意料地會沾黏指紋或汙垢。只要以溼紙巾將兩面擦拭過，再用乾的衛生紙擦拭一遍，並偶爾擺出來陰乾即可。不過如果溼氣很重就會造成反效果，請選擇天氣好的日子來處理。

Q 要是掉了一張牌該怎麼辦？

A 很遺憾地，如果需要占卜，再去重買一副吧。

在少了一張牌的情況下占卜，就會處於不平衡的狀態。如果無論如何都想使用，可以在作為說明書的牌上寫上〈愚者〉等遺失的牌名，但難處在於沒有圖案。如果可以，請重買一副，剩下的塔羅牌建議作為護身符使用。

Q 有其他不使用塔羅牌占卜的方式嗎？

A 活用手機 APP 也是一招。

現在已經是可以使用網路或智慧型手機 APP 享受塔羅牌占卜的時代，如果覺得隨身攜帶塔羅牌很麻煩，請務必加以活用。我自己會使用的是「Galaxy Tarot」（Android）的付費版。

※ 雖然有免費版，但只有英文版本。

LUA

自幼就對超自然與神祕的世界十分感興趣，曾任電腦CG設計師，於二〇〇四年轉任占卜師。熟習西洋占星術、塔羅牌、盧恩字母、探測術、數祕術等。現在則撰寫與監修於雜誌、書籍、網路等各方媒體上刊載的占卜相關原稿。特別喜愛蜘蛛與恐怖片。

http://www.luaspider.com/

藝術指導	江原レン (mashroom design)
裝幀・本文設計	森 紗登美 (mashroom design)
插畫	Maori Sakai
攝影	泉山美代子
編集協力	山田奈緒子、松尾由佳里、井上一樹、西川幸佳、菅野涼子 (説話社)

塔羅解牌研究所

出　　　　版／楓葉社文化事業有限公司
地　　　　址／新北市板橋區信義路163巷3號10樓
郵 政 劃 撥／19907596　楓書坊文化出版社
網　　　　址／www.maplebook.com.tw
電　　　　話／02-2957-6096
傳　　　　真／02-2957-6435
作　　　者／LUA
翻　　　譯／Shion
企 劃 編 輯／陳依萱
校　　　對／黃薇霓
港 澳 經 銷／泛華發行代理有限公司
定　　　價／420元
出 版 日 期／2020年11月

國家圖書館出版品預行編目資料

塔羅解牌研究所 / LUA 作；Shion 翻譯.
-- 初版. -- 新北市：楓葉社文化，
2020.11　面；　公分
ISBN 978-986-370-239-9（平裝）

1. 占卜

292.96　　　　　　　　109013332